LESE-TRAINING

Lilo Seiler
Andreas Vögeli

**VOM
AMATEUR
ZUM
PROFI**

**Techniken,
Spiele, Tricks**

Verlag an der Ruhr

Impressum

Titel: Lese-Training – vom Amateur zum Profi
Originaltitel: Leseprofi. Techniken, Training, Tricks
© für die Schweiz: ZKM-Verlag, Zell 1993

AutorInnen: Lilo Seiler, Andreas Vögeli

Titelbild: Markus Krieger

Druck: Druckerei Uwe Nolte, Iserlohn

Verlag an der Ruhr
Postfach 10 22 51 – 45422 Mülheim an der Ruhr
Alexanderstraße 54 – 45472 Mülheim an der Ruhr
Tel.: 02 08/439 54 50 – Fax: 02 08/439 54 239
E-Mail: info@verlagruhr.de
www.verlagruhr.de

© **für Deutschland und Österreich:**
Verlag an der Ruhr 1995

ISBN 978-3-86072-201-5

geeignet für die Klasse 5 6 7 8 9

Die Schreibweise der Texte folgt der neuesten Fassung
der Rechtschreibregeln – gültig ab August 2006.

Geduckt auf chlorfrei gebleichtes Papier.

Inhaltsverzeichnis

Gut, jetzt üben wir das.
Die Aufgabe lautet für alle gleich:
„Klettert auf den Baum!"

Liebe Kollegin, lieber Kollege,

in Ihrer Klasse sitzen neben Leseprofis auch Schülerinnen und Schüler, die lesetechnisch noch Mühe haben. Selbst bei stiller Lektüre kommen sie oft derart langsam vorwärts, dass ihnen der Sinnzusammenhang des gelesenen Textes entgeht. Ihr innerer Film läuft so schleppend, dass Spannung und Konzentration auf den Inhalt rasch erlahmen. Kein Wunder, dass sie kaum je von sich aus zu einem Buch greifen. Nur durch positive Erfahrungen mit dem Lesen wird man zur Leseratte.

Die vorliegenden Materialien möchten zur gezielten Förderung der Lesetechnik beitragen. Indirekt helfen sie auch mit, die Rechtschreibung zu festigen: Sichere Leser verfügen über sichere Muster von Wortbildern, die sie beim Schreiben mühelos abrufen können.

Innerhalb einer Klasse streut das Leseniveau meist breit. Wir bieten deshalb unterschiedlich schwierige Übungen an, bis hin zu eigentlichen Knacknüssen, möchten sie aber nicht einem bestimmten Schuljahr zuordnen. Jedes Kapitel trainiert schwerpunktmäßig eine lesetechnisch wichtige Fertigkeit. Es enthält stets viele kurze Übungsbausteine, die sich unabhängig voneinander bearbeiten lassen.

Wir empfehlen Ihnen, einzelne Aufgaben vergrößert zu kopieren, damit das Druckbild angenehmer wird. Auf einen Lehrerkommentar haben wir zu Gunsten von einfachen Übungsanleitungen verzichtet. Leseschwächeren Schülerinnen und Schülern sollten Sie diese anfangs wohl mündlich erklären, damit sie sich sicherer fühlen. In die meisten Aufgaben sind Lösungen zur Selbstkontrolle eingebaut. Wo das nicht der Fall ist, verweist meist das Zeichen „L" auf die entsprechende Lehrerlösung im Anhang. Oft werden die Schülerinnen und Schüler angeregt, eigene Trainingsmaterialien nach einem bestimmten Strickmuster zu entwickeln und untereinander auszutauschen. Es erscheint uns wichtig, dass Üben Spaß macht und an die vorhandenen Motivationen anknüpft. Viele Kinder und Jugendliche arbeiten lieber zusammen mit Partnern oder in einer Gruppe, möglichst an Texten mit Pfiff.

Wählen Sie also aus, was Ihnen individuell angemessen erscheint, und lassen Sie auch Ihre Schülerinnen und Schüler hier und da wählen, was sie üben möchten, denn: Wer gerne übt, übt sicher gut.
Wir wünschen Ihnen lauter Leseprofis!

Lilo Seiler und Andreas Vögeli

© Verlag an der Ruhr, Postfach 10 22 51, 45422 Mülheim an der Ruhr, www.verlagruhr.de, ISBN 978-3-86072-201-5

Hallo,

ich bin „Vögi" und schaue vom Bücherberg herab. Er wirkt riesig, und doch besteht er bloß aus den 26 Buchstaben unserer Schrift. Weißt du, was hinter diesem Bücherberg verborgen liegt? Ich weiß es, denn ich fliege oft hinüber. Dort breitet sich ein riesiges Land aus. Es heißt „Leseland" und ist voll von abenteuerlichen Geschichten.

Willst du mit mir kommen? Ich begleite dich und zeige dir den Weg. Eine Zauberfee wird uns dabei helfen. Sie hat bereits viele Spuren über den Bücherberg gelegt. Es sind kleine Buchstäbchen. Wir beide müssen sie bloß richtig auflesen, dann gelangen wir sicher über den Berg ins „Leseland".

Du fragst, wie wir zusammen reisen? Nun, meist kannst du die Buchstabenspuren still überfliegen und dir rasch überlegen, welche Fährte weiterführt. Allerdings werden wir hier und da auch knifflige Stellen antreffen. Aber keine Angst, meine Partnerin hat für dich bereits die nötigen Halteseile gespannt. Du kannst dich daran festhalten, dann findest du auch hier wie von selbst die richtigen Lösungen.

Auf dem Bild siehst du meine Partnerin bei der Arbeit. Ihre Halteseile werden uns gut sichern.

Unsere Reise wird gewiss abenteuerlich. Meist machen wir nur kurze Etappen und ruhen dazwischen öfter aus. Übrigens: Einige Wegstücke darfst du ruhig mehrfach begehen, wenn du möchtest – einfach so, damit du in Übung bleibst.

Klar, du willst noch wissen, was du mitnehmen musst auf unsere Entdeckungsreise. Also am besten packst du folgende sieben Sachen ein:

- ✖ viel Neugier,
- ✖ dein persönliches Reisetagebuch,
- ✖ gewöhnliche Spielkarten zum „Blitzen" (vgl. S. 56),
- ✖ wasserlösliche, farbige Filzstifte,
- ✖ Folie und Schwämmchen,
- ✖ Uhr mit Sekundenzeiger,
- ✖ und einen normalen Kassettenrekorder.

Mehr brauchst du noch nicht zu wissen. Alles Weitere erkläre ich dir unterwegs.

Herzlich willkommen im Leseland.

Vögi und Seiler

✖ Finde die zehn Unterschiede zwischen dem oberen und dem unteren Bild.

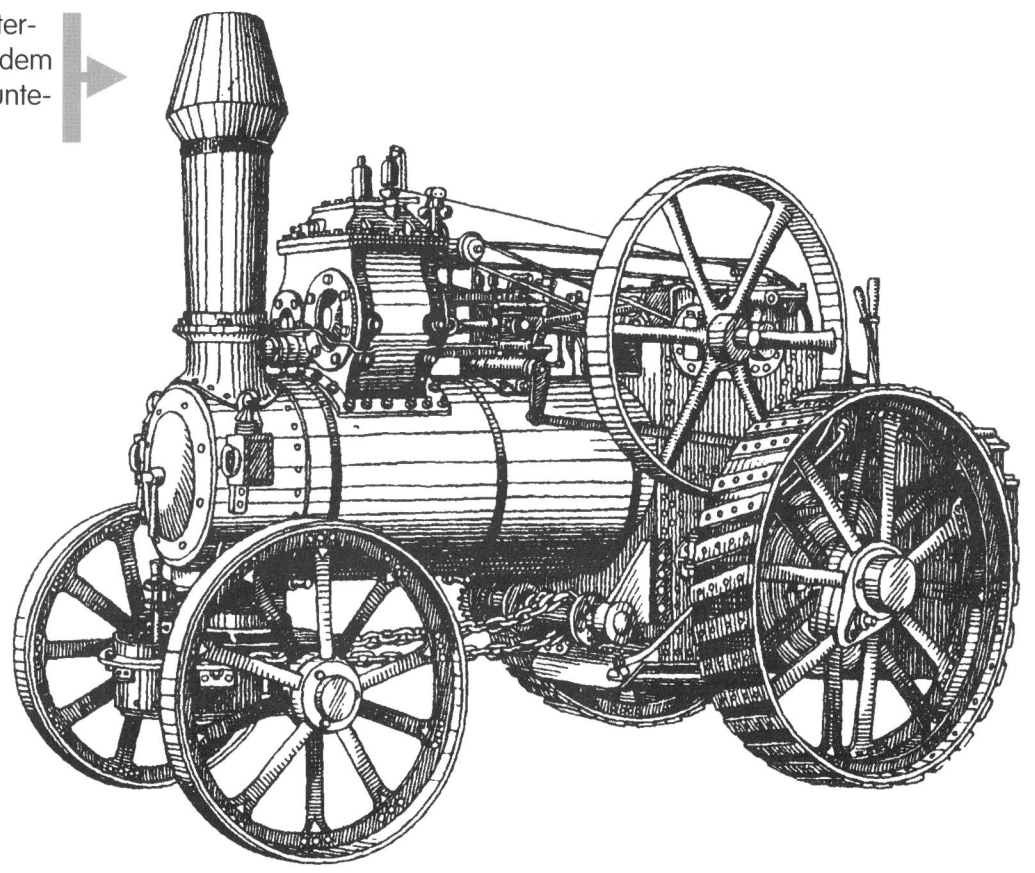

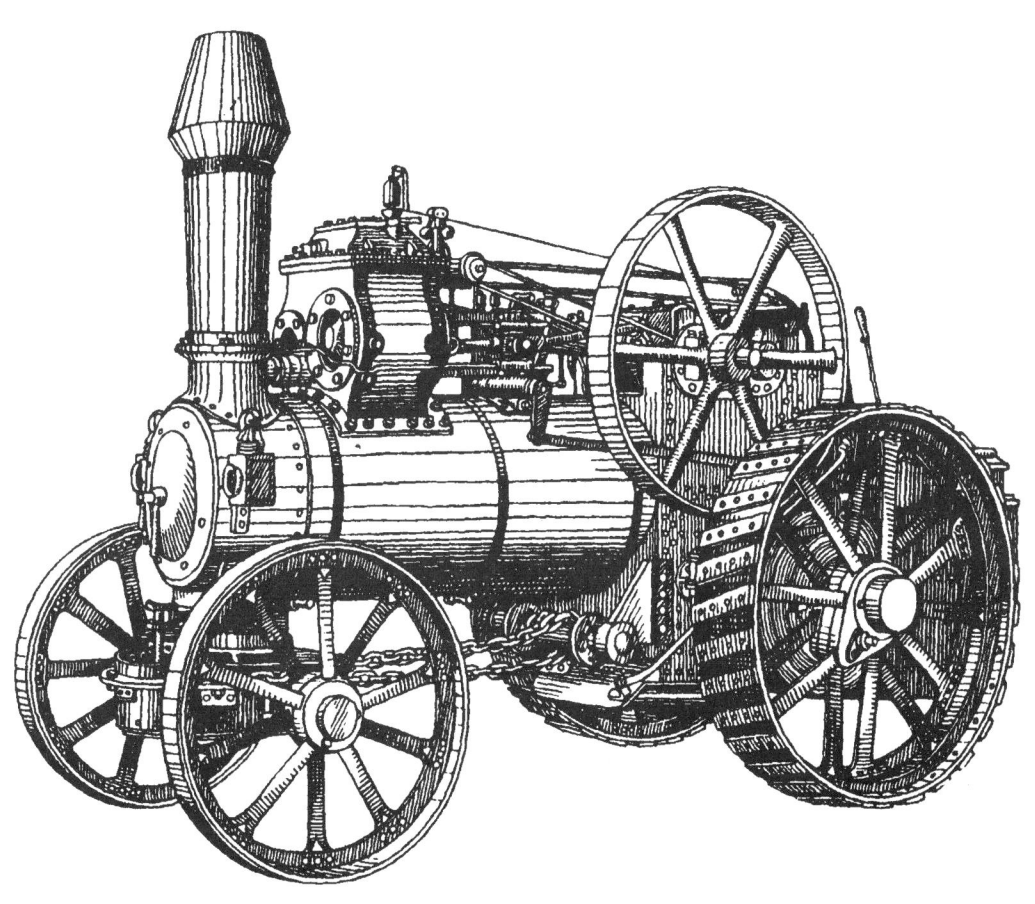

© Verlag an der Ruhr, Postfach 10 22 51, 45422 Mülheim an der Ruhr, www.verlagruhr.de, ISBN 978-3-86072-201-5

✖ Finde die zehn Unter-
schiede zwischen
dem linken und dem
rechten Bild.

© Verlag an der Ruhr, Postfach 10 22 51, 45422 Mülheim an der Ruhr, www.verlagruhr.de, ISBN 978-3-86072-201-5

Wenn du genau hinschaust,
entdeckst du diese vier Köpfe
im nachstehenden Bild.

✖ Gib für jeden die entsprechenden Zahlen und
Buchstaben an.

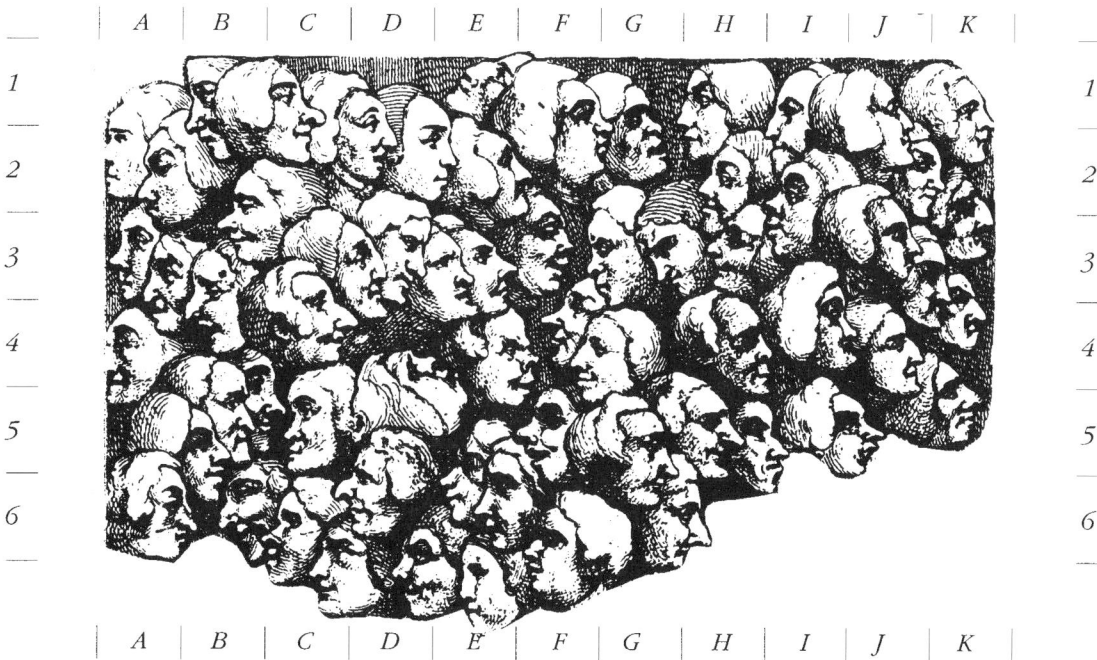

Finde den einzigen Weg vom U zum V.

✖ Benutze ein Hilfsmittel (Finger, Stift),
zeichne aber nichts ein, damit du
mehrfach üben kannst (Folie).

✖ Finde den Weg allein mit den Augen.

✖ Miss deine Zeit.

✖ Wie schnell bist du
rückwärts vom V zum U?

© Verlag an der Ruhr, Postfach 10 22 51, 45422 Mülheim an der Ruhr, www.verlagruhr.de, ISBN 978-3-86072-201-5

Finde den einzigen Weg vom A zum B.

✖ Benutze ein Hilfsmittel (Finger, Stift), zeichne
aber nichts ein, damit du mehrfach üben
kannst (Folie).

✖ Finde den Weg allein mit den Augen.

✖ Miss deine Zeit.

✖ Wie schnell bist du rückwärts
vom B zum A?

Es gibt nur einen Weg zum Ziel.
Folge vom Start weg den Pfeilen.
Triffst du auf einen einfachen Pfeil, fährst du in seiner Richtung weiter.
Bei einem Doppelpfeil musst du zwischen den angegebenen Richtungen wählen.

Achtung: Es gibt auch Fehlspuren!

✖ Suche mit dem Finger die richtige Route (evtl. Folie, Stift).

✖ Findest du den Weg auswendig wieder, ohne etwas einzuzeichnen?

Notiere fortlaufend die Buchstaben, an denen du vorbeikommst. Sie ergeben zusammen ein Lösungswort.

✖ Wie heißt es?

✖ Mache mehrere Durchgänge, und miss die Zeit. Wie steigerst du dich?

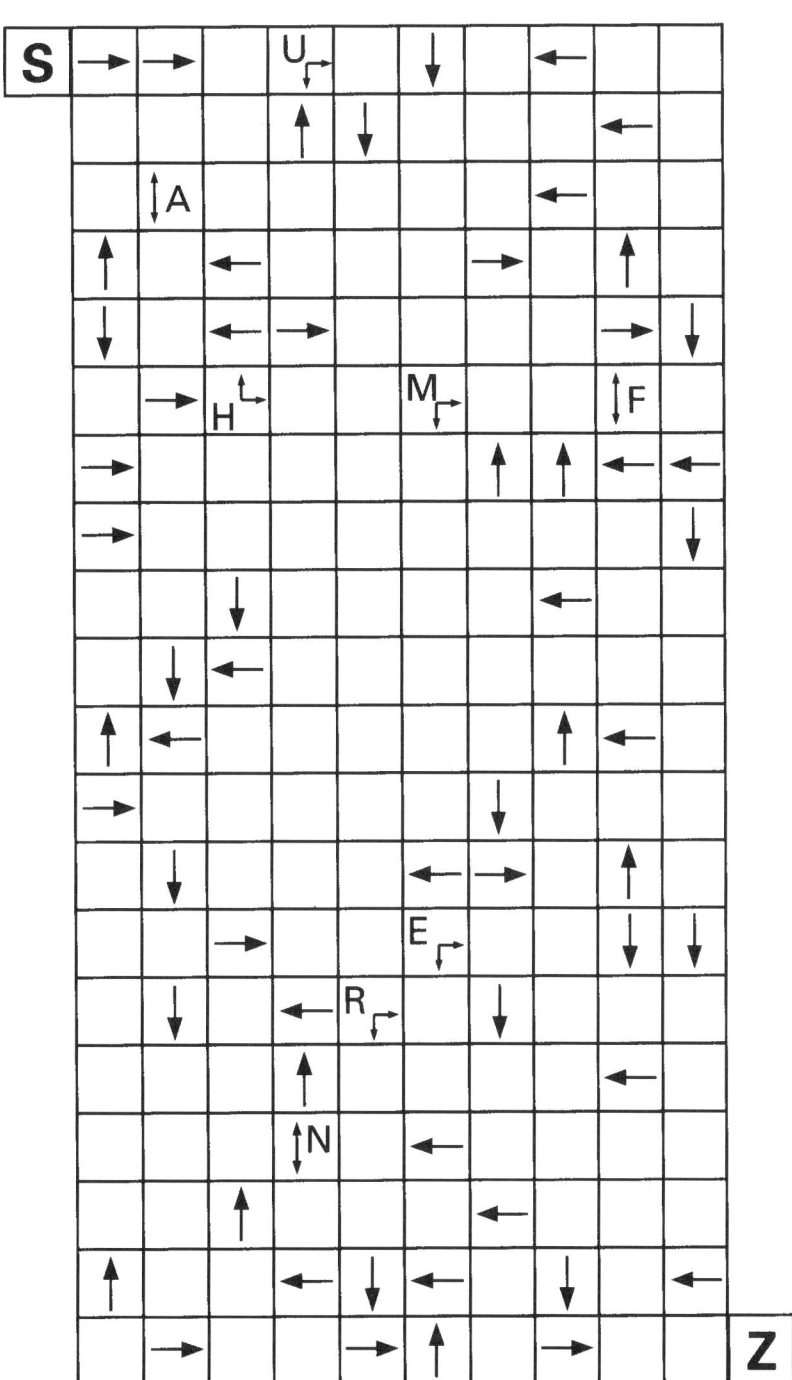

© Verlag an der Ruhr, Postfach 10 22 51, 45422 Mülheim an der Ruhr, www.verlagruhr.de, ISBN 978-3-86072-201-5

Neben der Zahl 1 findest du ein gezacktes Muster.

✖ Führe es genau gleich nach rechts weiter, sodass drei Kopien entstehen.

Neben der Zahl 2 findest du das gezackte Muster wieder, aber diesmal spiegelverkehrt: Rechts und links ist immer vertauscht.

✖ Führe dieses spiegelverkehrte Muster nach links weiter.

Der Pfeil zeigt dir, wo du beginnen musst.

So prüfst du, ob deine Lösungen stimmen:
- Zerschneide den Streifen bei der Trennlinie.
- Wende den oberen Teil auf die Rückseite, und halte ihn ans Fenster.

Wenn du jetzt den unteren Teil darüberlegst, müssen sich alle Linien decken.

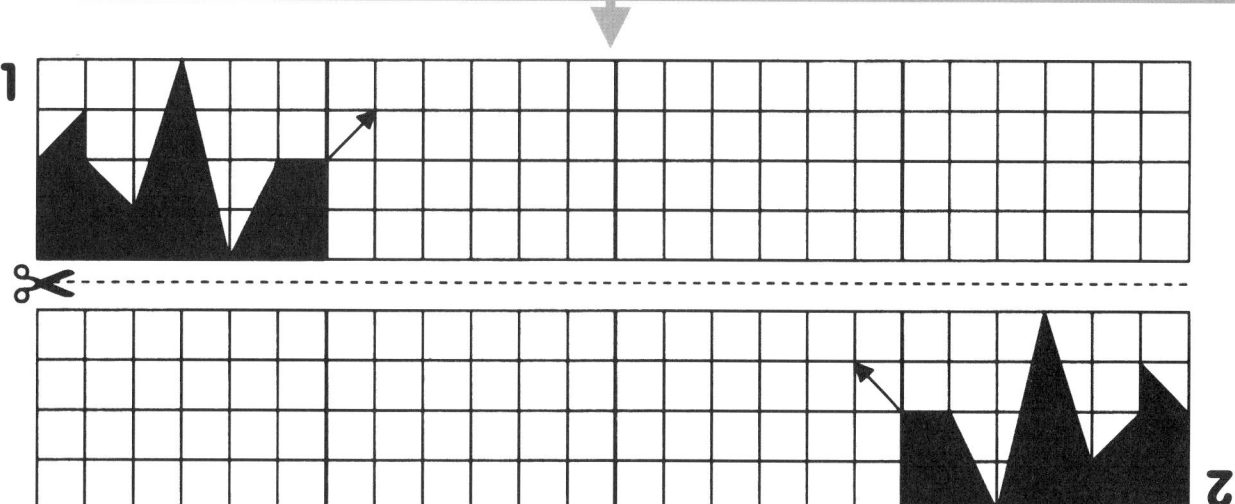

Auf der oberen Streifenhälfte (1) kannst du ein eigenes Originalmuster erfinden.

✖ Führe es genauso nach rechts weiter.

✖ Zeichne jetzt auf der unteren Streifenhälfte (2) dein Muster nochmals, aber diesmal spiegelverkehrt von rechts nach links.

✖ Teste selbst am Fenster oder mit einem Spiegel, wie genau deine Lösungen stimmen.

Wenn ihr zu zweit arbeitet, könnt ihr Muster füreinander erfinden.

✖ Tauscht aus, und kontrolliert eure Lösungen gemeinsam.

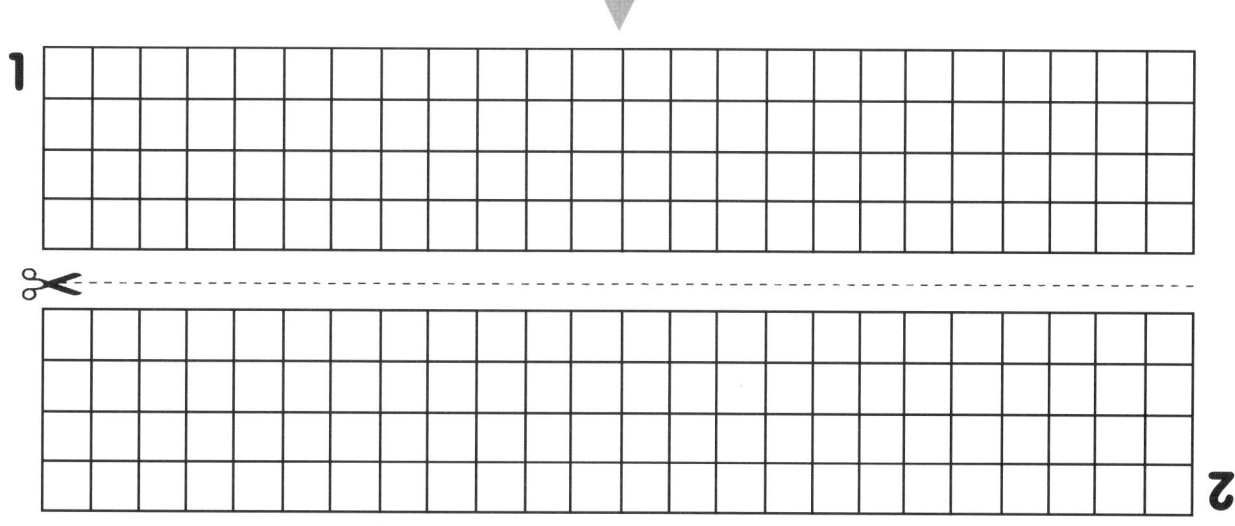

© Verlag an der Ruhr, Postfach 10 22 51, 45422 Mülheim an der Ruhr, www.verlagruhr.de, ISBN 978-3-86072-201-5

Stell dir vor, dass sich dieses Muster im Wasser spiegelt: Alles steht dann auf dem Kopf.

✖ Zeichne in der unteren Streifenhälfte genau, welches Bild du im Wasser siehst.

So prüfst du deine Lösung: du faltest den Streifen längs und hältst ihn gegen das Fenster. Alle Linien müssen sich decken.

✖ Erfindet füreinander oder für euch selbst eigene Muster. Zeichnet sie dann genauso, wie sie sich im Wasser spiegeln würden.

✖ Steigert die Schwierigkeit: Wer kann das Spiegelbild in einem Zug richtig zeichnen?

✖ Mit einem Blatt ohne Häuschen wird's noch anspruchsvoller.

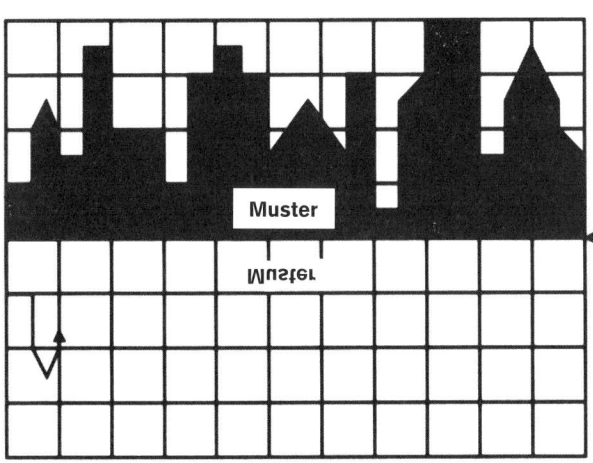

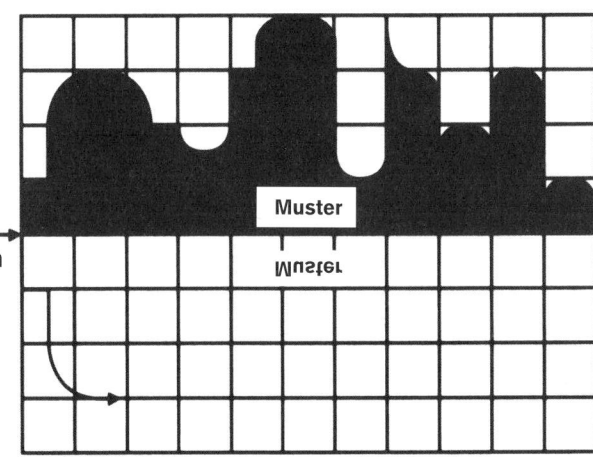

Hier falten

✖ Kopiere im leeren Feld den vorgezeigten Weg genau. Arbeite in einem Zug, und setze den Stift nie ab (Folie).

✖ Erfinde im leeren Feld oder auf kariertem Papier eigene, immer anspruchsvollere Wege (vielleicht in verschiedener Farbe). Ihr könnt diese Vorlagen untereinander austauschen. Wer schafft es, sie in einem Zug richtig wiederzugeben?

✖ Miss deine Trainingszeiten. Wie verbesserst du dich bei drei Versuchen?

Partnerarbeit:
A hat nur die Vorlage mit dem eingezeichneten Weg, B nur das leere Feld.

✖ Kann A den Weg genauso schildern, dass B ihn richtig einzeichnet?

✖ Vergleicht am Schluss beide Wege, und diskutiert Missverständnisse. Wechselt eure Rollen.

✖ Macht weitere Durchgänge, bis ihr mit dem Ergebnis und dem Tempo zufrieden seid.

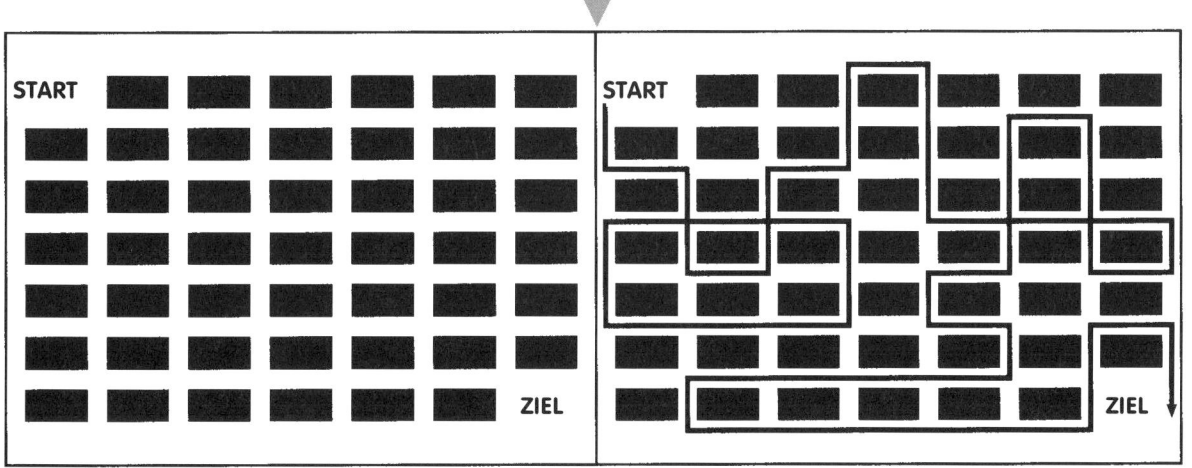

© Verlag an der Ruhr, Postfach 10 22 51, 45422 Mülheim an der Ruhr, www.verlagruhr.de, ISBN 978-3-86072-201-5

✖ Kopiere im leeren Feld den vorgezeigten Weg genau. Arbeite in einem Zug, und setze den Stift nie ab (Folie).

✖ Erfinde im leeren Feld oder auf kariertem Papier eigene, immer anspruchsvollere Wege (vielleicht in verschiedener Farbe).

Ihr könnt diese Vorlagen untereinander austauschen. Wer schafft es, sie in einem Zug richtig wiederzugeben? Miss deine Trainingszeiten. Wie verbesserst du dich bei drei Versuchen?

Partnerarbeit:
A hat nur die Vorlage mit dem eingezeichneten Weg, B nur das leere Feld.

✖ Kann A den Weg genau so schildern, dass B ihn richtig einzeichnet? Vergleicht am Schluss beide Wege, und diskutiert Missverständnisse.

✖ Wechselt eure Rollen, und macht weitere Durchgänge, bis ihr mit dem Ergebnis und dem Tempo zufrieden seid.

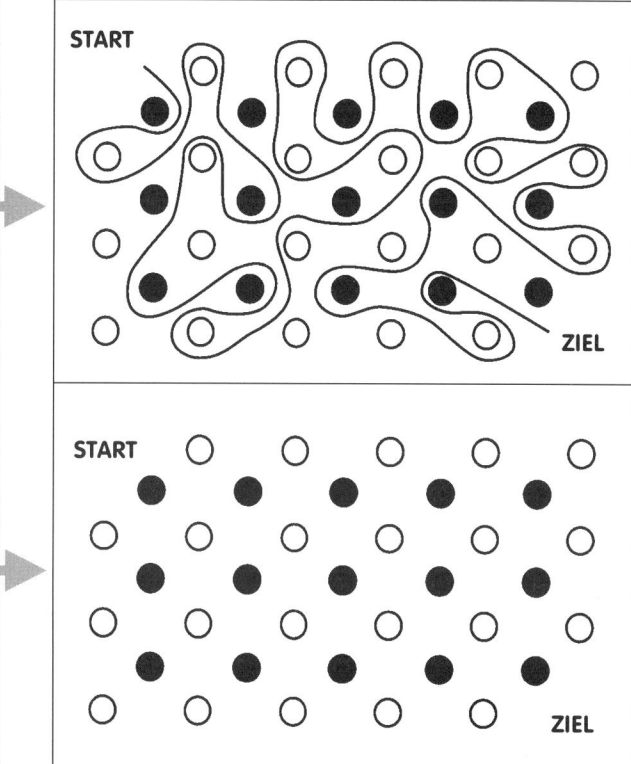

© Verlag an der Ruhr, Postfach 10 22 51, 45422 Mülheim an der Ruhr, www.verlagruhr.de, ISBN 978-3-86072-201-5

✖ Kopiere im leeren Feld den vorgezeigten Weg genau. Arbeite in einem Zug, und setze den Stift nie ab.

✖ Erfinde im leeren Feld oder auf kariertem Papier eigene, immer anspruchsvollere Wege (vielleicht in verschiedener Farbe).

Ihr könnt diese Vorlagen untereinander austauschen. Wer schafft es, sie in einem Zug richtig wiederzugeben? Miss deine Trainingszeiten. Wie verbesserst du dich bei drei Versuchen?

Partnerarbeit:
A hat nur die Vorlage mit dem eingezeichneten Weg, B nur das leere Feld.

✖ Kann A den Weg genau so schildern, dass B ihn richtig einzeichnet? Vergleicht am Schluss beide Wege, und diskutiert Missverständnisse.

✖ Wechselt eure Rollen, und macht weitere Durchgänge, bis ihr mit dem Ergebnis und dem Tempo zufrieden seid.

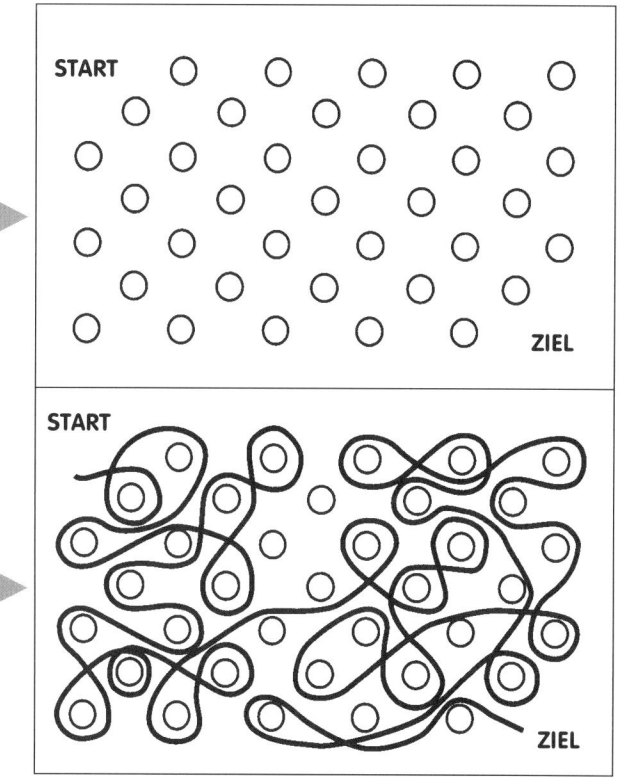

✖ Tippe mit einem Stift möglichst zügig auf alle Zahlen im Kasten von 1 bis 20. Welche vier Zahlen kommen doppelt vor?

Arbeitet zu zweit, und tauscht aus, welche Such-Tricks euch helfen.

✖ Mache drei Durchgänge auf Zeit. Verbesserst du dich?

Mit neuen Aufträgen wird das Weiterüben spannender:

✖ Wie schnell bist du rückwärts oder wenn du zuerst nur die geraden und nachher die ungeraden Zahlen suchst?

© Verlag an der Ruhr, Postfach 10 22 51, 45422 Mülheim an der Ruhr, www.verlagruhr.de, ISBN 978-3-86072-201-5

✖ Tippe mit einem Stift möglichst zügig auf alle Buchstaben im Kasten von A bis Z.

Arbeitet zu zweit, und tauscht aus, welche Such-Tricks euch helfen.

✖ Mache drei Durchgänge auf Zeit. Verbesserst du dich?

Partnerarbeiten mit Rollentausch:

✖ A deutet auf einen Buchstaben; B muss den Buchstaben vorher und nachher im ABC finden.

✖ A nennt ein schwieriges Wort; B buchstabiert es durch Antippen im Kasten.

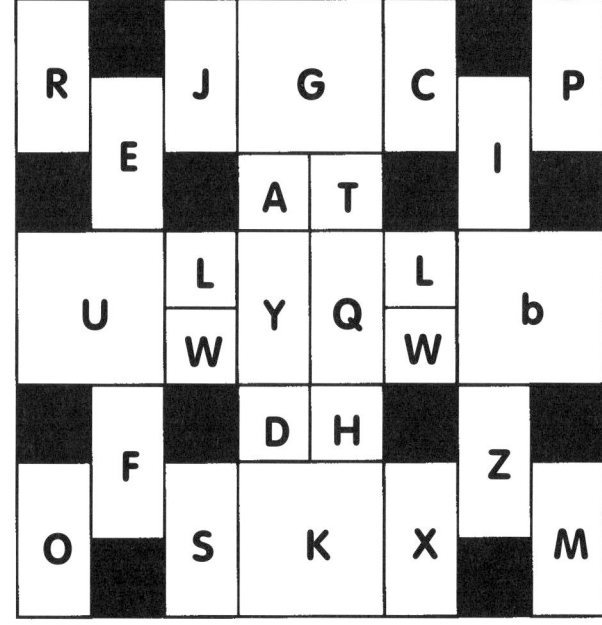

✖ Tippe mit einem Stift möglichst zügig auf alle Zahlen der Dreier-Reihe von 3 bis 30.

✖ Konzentriere dich jetzt nur auf die Kleinbuchstaben. Gehe sie ebenfalls der Reihe nach durch von a bis z.
Welche vier Buchstaben sind doppelt vertreten?

✖ Versuche es einmal rückwärts von 30 nach 3 und vom z zum a.

✖ Miss deine Zeiten pro Durchgang, und schreibe sie auf.
Wenn du regelmäßig weitertrainierst, wirst du immer schneller.

✖ Zeichne in diesem Kasten eine eigene, von dir erfundene Übung, zum Beispiel eine Reihe aus dem 1x1 oder das ABC mit Groß- und Kleinbuchstaben oder ein Labyrinth oder ... du kannst den Kasten nach deinen Vorstellungen in weiße und schwarze Rechtecke und Quadrate unterteilen.

Je mehr verschiedene Suchfelder du zeichnest, desto anspruchsvoller wird allerdings nachher die Lösung.
Am besten erprobst du deinen Entwurf zuerst selbst.

✖ Tauscht eure getesteten Erfindungen untereinander aus, und trainiert damit.

© Verlag an der Ruhr, Postfach 10 22 51, 45422 Mülheim an der Ruhr, www.verlagruhr.de, ISBN 978-3-86072-201-5

Dieser Irrgarten stammt aus dem Jahr 1815. Ein Unbekannter hat ihn als Andenken für einen engen Freund gezeichnet. In den Labyrinthweg hinein hat er ein selbstverfasstes Gedicht geschrieben. Der Text beginnt oben in der Mitte nach der Jahreszahl.

✖ Fahre mit einem Stift den ganzen Labyrinthweg entlang, ohne etwas einzuzeichnen. Kümmere dich noch nicht um den Text.

✖ Versuche es nun allein mit den Augen, ohne jede Hast.

✖ Steigere dein Tempo so sehr, dass dein Auge gerade noch knapp auf der richtigen Spur bleibt. Wo liegt deine persönliche Geschwindigkeits-Grenze?

✖ Versuche, den Text von Anfang an zu entziffern, indem du das Blatt den Linien entlang entsprechend mitdrehst.

Partnerarbeit:

✖ Schreibt den entzifferten Text auf ein Blatt. Am besten geht ihr so vor:
A diktiert langsam und übermalt die erfassten Textstücke jeweils sofort mit gelbem Leuchtstift, damit er den Faden nicht verliert.
B schreibt nach Diktat auf. Nach jedem Reim beginnt ihr eine neue Zeile.
Wechselt eure Rollen, sobald ihr müde werdet.

Gelingt es euch, die ganze Schnitzelbank im Labyrinth zu enträtseln?
Verzweifelt nicht, wenn ihr es nicht auf Anhieb schafft. Nehmt ruhig mehrere Anläufe.
Wer den Text entziffern kann, der ist ein echter Leseprofi.

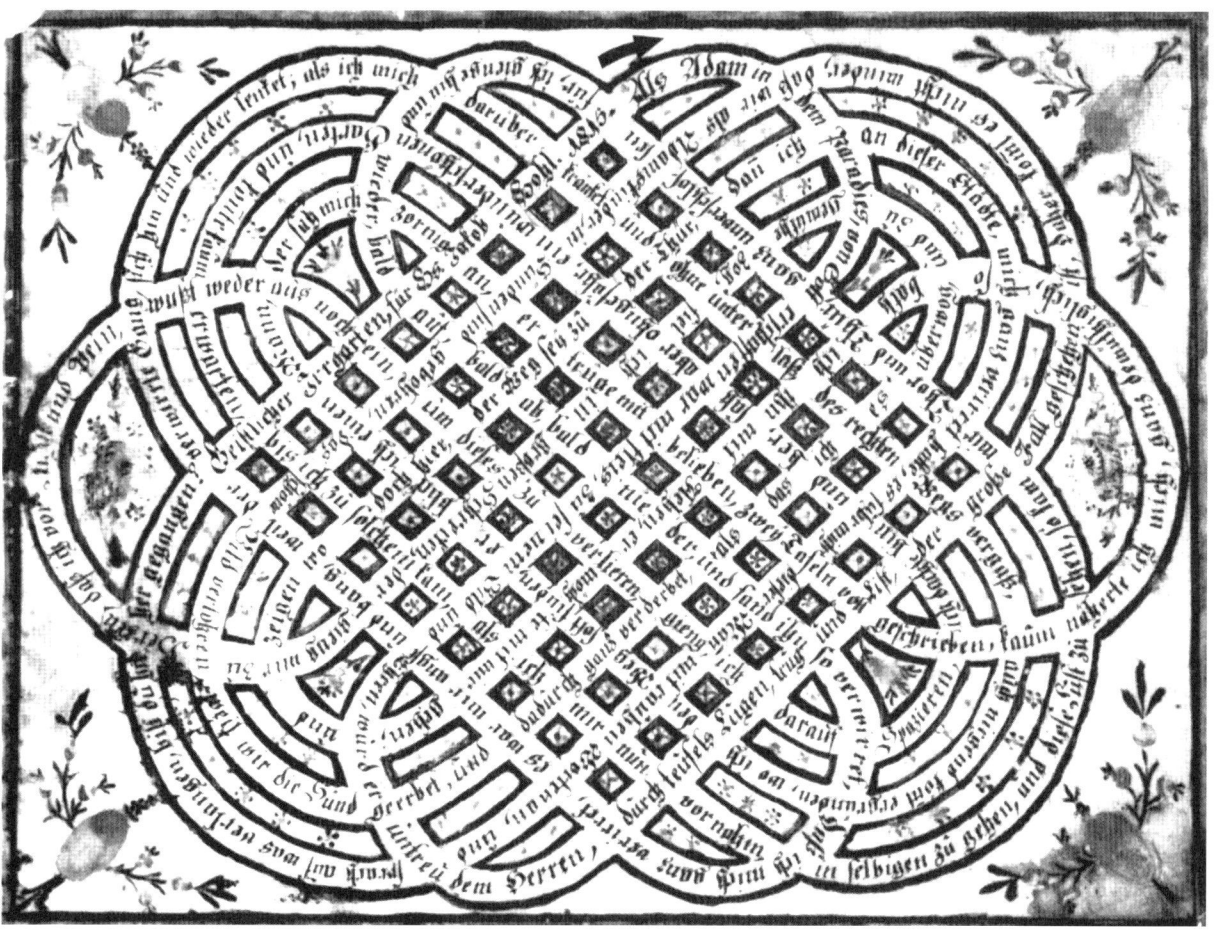

© Verlag an der Ruhr, Postfach 10 22 51, 45422 Mülheim an der Ruhr, www.verlagruhr.de, ISBN 978-3-86072-201-5

Begegnung im Irrgarten

✖ Vergleicht diesen Text mit dem Wortlaut, den ihr selbst im Labyrinth entziffert habt. Ergänzt allenfalls, was ihr nicht richtig lesen konntet.

Partnerarbeit:

✖ A liest den normal gedruckten Text ganz langsam laut vor, und B versucht, im Labyrinth still mitzulesen. Wenn es ihm zu schnell geht, sagt er einfach „langsamer" oder „Stopp". Wechselt auch die Rollen.

✖ Markiere im herausgeschriebenen Text die Wörter und Wendungen, die du nicht verstehst. Einige sind heute nicht mehr gebräuchlich.

✖ Schlage im Duden nach, was sie früher bedeuteten.

✖ Kannst du kurz zusammenfassen, was der Wanderer im Irrgarten erlebt hat?

Als Adam in dem Paradies
von Gott erschaffen war mit Fleiß,
zu seinem Bild und Ehren,
wurd er untreu dem Herren.

Durch Teufels Lügen, Trug und List
der große Fall geschehen ist.

Daher kommt es nicht minder,
dass wir als Adamskinder
in Sünden sind geboren,
das schöne Bild verloren,
weil wir die Sünd geerbet
und dadurch ganz verderbet.

Als ich dies überwog
und zu Gemüte zog,
fiel ich in großen Schrecken.

Der ging mir so zu Herzen,
dass ich vor Not und Pein
wusst weder aus noch ein.

Um dieses zu verlieren,
ging ich darauf spazieren.

Ich dachte hin und her,
sah aber ohngefähr
einen wunderschönen Garten
und konnte kaum mehr warten,
bis ich zu solchem kam.

Als ich mir nun vornahm,
im selbigen zu gehen
und diese Lust zu sehen,
da kam mir Tür und Tor
ganz unverschlossen vor.

Ich ging da hin und wieder,
bald auf, bald ab, bald nieder
und fand ihn so verwirret,
dass ich mich ganz verirret.

Es war mir angst und bang,
weil der verwirrte Gang
mich hin und wieder lenkte.

Als ich mich drüber kränkte
und ohne Unterlass
den rechten Weg vergaß,
auch nirgends konnte ergründen,
wie ich den Weg soll finden,
erblickte ich einen Mann,
der sah mich zornig an.

Er trug ganz mit Belieben
zwei Tafeln, vollgeschrieben.

Kaum näherte ich mich
ganz demütiglich,
so bat ich ihn mit Flehen,
er möchte mit mir gehen
und zeigen,
wo doch hier
der Weg sei zu der Tür,
dass ich an dieser Stätte
mich ganz verirret hätte.

Es fuhr mich dieser Mann
mit rauer Stimme an
und sprach:

„Auf wes' Verlangen
bist du hierher gegangen?"

(Geistlicher Irrgarten, für Hs. Jakob Hohl, 1815)

© Verlag an der Ruhr, Postfach 10 22 51, 45422 Mülheim an der Ruhr, www.verlagruhr.de, ISBN 978-3-86072-201-5

Konzentration •• Irrgarten: Zügig um die Ecken

Dieses Labyrinth stammt von dem deutschen Renaissance-Künstler G. A. Boeckler. Es erschien 1664 in einem Buch mit lauter Labyrinthen. Für deine Aufgabe brauchst du sicher etwas Geduld.

✖ Fahre mit der Rückseite eines Stiftes möglichst in einem Zug den Labyrinthweg entlang.

✖ Gelingt es dir, den Weg allein mit den Augen zu finden, also ohne Stift oder Fingerhilfe?

✖ Miss deine heutige Zeit, und wiederhole die Übung immer wieder. Kannst du dich steigern?

© Verlag an der Ruhr, Postfach 10 22 51, 45422 Mülheim an der Ruhr, www.verlagruhr.de, ISBN 978-3-86072-201-5

✖ Lies die Wörter mehrfach still und immer schneller. Geht's auch auf dem Kopf?

✖ Schreibe die Wörter nach Themen geordnet heraus. Je vier gehören zum Thema:

a) Familie   d) Kleidung
b) Reisen   e) Früchte
c) Tiere   f) Essen

```
T I G E R S O C K E N S C H N I T Z E L
O B S T P U D D I N G E N T E F A H R T
K O F F E R B R U D E R P U L L O V E R
S A L A T K R E B S S C H A L T A N T E
B I R N E G R E N Z E S C H W E S T E R
J A C K E S P A T Z A P F E L E N K E L
F E R I E N A P P E T I T P F L A U M E
```

✖ Lies den Text mehrfach, zuerst still, dann laut. Geht's auch auf dem Kopf?

BringnochrascheinenSackZucker!

ImVorratschrankobenstehter.

AberachtemiraufdasVerfallsdatum,

schließnachherdieTürwiederab

unddrehunbedingtdasLichtaus!

NatürlichnichtimKellerunten…

DubrauchstdenSchlüssel!

Derhängtdochwieimmeram Haken…

UndholgleichauchnochKonfitüre!

SindübrigensdieAufgabenfertig?

WostehtdirnurderKopf?Machschon!

✖ Stell dir Satz um Satz genau vor, und kreuze die richtige Antwort an.

HansundderVatersitzeninderStube.

AlsDessertsollHanszweiEisholen.

DasEisliegtimKühlbehälter.

DieTreppeführtvonderKüchezumKeller.

DerKühlbehälteristinderKühltruhe.

WohinmussHanszuerstgehen?

a) zum Kühlbehälter

b) in den Keller

c) zur Treppe

d) in die Küche

e) zur Kühltruhe

© Verlag an der Ruhr, Postfach 10 22 51, 45422 Mülheim an der Ruhr, www.verlagruhr.de, ISBN 978-3-86072-201-5

✖ Lies den Text mehrmals, zuerst still,
dann laut. Geht's auch auf dem Kopf?

„Das ist ja schrecklich!"

DERBÄRGINGEINMALSPAZIEREN.

DABEGEGNETEIHMDERWOLF.

„HALLOBÄR!

WIEGEHTESDENNSO?"

„JETZTGEHTESMIRAUSGEZEICHNET."

„DASISTJAHERRLICH!"

„ABERGESTERNWARMIRHUNDEELEND."

„DASISTJASCHRECKLICH!"

„GESTERNHEIRATETEICHNÄMLICH."

„DASISTJAHERRLICH!"

„ABERMEINEFRAUISTSOGARSTIG

UNDHATNUREINAUGEUNDHINKT."

„DASISTJASCHRECKLICH!"

„ALLERDINGSISTSIESEHRREICH."

„DASISTJAHERRLICH!"

„LEIDERISTSIEABERSTINKGEIZIG."

„DASISTJASCHRECKLICH!"

„DARUMKLAUTEICHIHRZEHNGOLDTALER."

„DASISTJAHERRLICH!"

„ABERLEIDERHATSIEMICHERWISCHT

UNDMITDEMBESENSTIEL

EINSAUFDENKOPFGEHAUEN."

„DASISTJASCHRECKLICH!"

„ZUMGLÜCKISTESNUREINEKLEINEBEULE

UNDTUTMIRGARNICHTMEHRWEH."

„DASISTJAHERRLICH!"

(Nach einer alten französischen Fabel)

© Verlag an der Ruhr, Postfach 10 22 51, 45422 Mülheim an der Ruhr, www.verlagruhr.de, ISBN 978-3-86072-201-5

Bausteine erkennen

Wörter bestehen oft aus verschiedenen Sinn-Bausteinen. Es hilft dir beim Lesen und Schreiben, wenn du sie sicher erkennst. Alle Bausteine bleiben immer gleich, und mit den häufigsten lassen sich unzählige neue Wörter kombinieren. Die drei folgenden Textausschnitte sind so gegliedert, dass du alle Sinn-Bausteine deutlich sehen kannst. Welche Fassung gefällt dir am besten?

Auszüge aus Schulordnungen

Text A:
Es ist ver bot en im
Schul haus währ end der
Paus en zu renn en, zu
lärm en oder sich un-
ge bühr lich auf zu führ en.
Der Unter richt s be trieb
darf in kein er Weis e
ge stör t werd en.

Text B:
Dein Be nehm en in der
Paus e soll un ab häng ig
sein von der An wesen-
heit ein er Auf sicht.
Ent scheid e selbst, wie
du dich rück sicht s voll
ver halt en kann st. Du
kenn st die Ge fahr en.

Text C:
Sämt lich e Kind er sind
be recht ig t, im Schul-
flur her um zu renn en,
so fern sie die vor ge-
schrieb en e Flug höh e
von fünf zig Zenti met er
über den Kleid er hak en
jed er zeit ein halt en.

✖ In welchem der drei Texte findest du die folgenden Haupt-bausteine? Trage A, B oder C ein!

Hauptbausteine

Text:		Text:		Text:	
A	BIET/BOT	B,C	HALT	A	RICHT
...	FAHR/FÄHR	...	HÄNG	...	SCHEID
...	FERN	...	KENN	...	SCHREIB/SCHRIEB
...	FLIEG/FLUG	...	KLEID	...	SCHUL
...	FLUR	...	KÖNN/KANN	...	SEH/SICHT
...	FÜHR	...	NEHM	...	STÖR
...	HÄNG	...	RECHT	...	TREIB/TRIEB

✖ Bilde aus den folgenden Anfangs-, Haupt- und Endbausteinen möglichst viele sinnvolle Kombinationen. Notiere die entdeckten Wörter auf ein Blatt.

✖ Was musst du groß schreiben? Ordne deine Liste nach Wortarten.

✖ Übermale alle gefundenen Verben, Nomen und Adjektive je mit verschiedenen Farben.

Anfangsbausteine	Hauptbausteine		Endbausteine
AN	BIET/BOT	KÖNN/KANN	BAR
AUF	FAHR/FÄHR	NEHM	E
BE	FERN	RECHT	EN
ENT	FLIEG/FLUG	RICHT	END
GE	FLUR	SCHEID	ER
HER	FÜHR	SCHREIB/SCHRIEB	IG
UM	HÄNG	SCHUL	LICH
UN	HALT	SEH/SICHT	SAM
VER	KENN	STÖR	T
VOR	KLEID	TREIB/TRIEB	UNG

✖ Markiere alle Wortgrenzen mit einem Schrägstrich. Übermale die Nomen braun, die Verben
blau und die Adjektive gelb.
Du findest insgesamt 21 Nomen, 15 Verben und
19 Adjektive.

Baustein Fahr/Fähr:

```
F A H R E R G E F Ä H R L I C H B E
F A H R E N E R F A H R U N G E R
F A H R E N G E F A H R L O S F Ä
H R E G E F Ä H R T U N G E F Ä H
R E N T F A H R E N F Ä H R T E F
A H R I G V O R F A H R E A B F A
H R E N F A H R B A R F A H R Z E
U G U M F A H R E N G E F A H R A
B F A H R T F A H R G A S T
```

Baustein Nehm/Nahm/Nimm:

```
A B N E H M E R V O R N E H M W A H R
N E H M E N Z U N A H M E V E R N E H M
L I C H Z U N E H M E N U N T E R N E H
M U N G G E N E H M E N T N E H M E N
G E N E H M I G U N G Z U N E H M E N D
N E H M E N B L U T E N T N A H M E A B
N E H M B A R V O R N E H M A B N E H M
E N D V E R N E H M E N N I M M
```

Baustein Wahr/Währ:

```
B E W Ä H R E N W Ä H R U N G W
A H R V E R W A H R E N G E W A H
R S A M W A H R H E I T W Ä H R E
N B E W Ä H R U N G W Ä H R E N D
A U F B E W A H R E N W A H R Z E I
C H E N W A H R H A F T I G B E W
Ä H R T W A H R S C H E I N L I C H U
N W A H R
```

✖ Lies die folgenden senkrechten Wortlisten
mehrfach still, und steigere das Tempo. Schau
stets auf die Mitte der Wörter. Decke mit der
Hand von oben das Gelesene ab.

Bahn	Kaffeedose	Salatkopf	Wort
Einbahn	Dosenkaffee	Kopfsalat	Kreuzwort
Einbahnstraße			Kreuzworträtsel
	Schlosstor	Wiesenblume	
Platz	Torschloss	Blumenwiese	Geld
Flugplatz			Kleingeld
Flugplatzpiste	Fingerring	Raddampfer	Kleingeldkasse
	Ringfinger	Dampferrad	
Lack			Schwein
Nagellack	Kartenspiel	Sprungturm	Meerschwein
Nagellackentferner	Spielkarten	Turmsprung	Meerschweinkäfig
Bahn			Ski
Eisenbahn	Stuhllehne	Sitzbank	Skischuh
Eisenbahnwagen	Lehnstuhl	Banksitz	Skischuhschnalle
Brief			Tag
Eilbrief	Spielende	Fahrbahn	Geburtstag
Eilbriefzustellung	Endspiel	Bahnfahrt	Geburtstagsfeier
Star			Ball
Rockstar			Fußball
			Fußballverein

© Verlag an der Ruhr, Postfach 10 22 51, 45422 Mülheim an der Ruhr, www.verlagruhr.de, ISBN 978-3-86072-201-5

Nachstehend findest du neben dem Vorhang- und über dem Rattenschwanzwort eine Worttreppe.

✖ Erfinde eigene Worttreppen. Du brauchst mindestens zwei Zwischenstufen, um die Wortpaare, die wir dir unten vorschlagen, zu verbinden (auch mehr Stufen sind reizvoll).

Vorhangwörter

Hang

Vorhang

Bühnenvorhang

Theaterbühnenvorhang

Schultheaterbühnenvorhang

Worttreppen

Hänge**bauch**

Bauch**schmerz**

Schmerzens**geld**

Geld**beutel**

Beutel**ratten**

Rattenschwanzwörter

Ratten

Rattenschwanz

Rattenschwanzhaar

Rattenschwanzhaarspitzen

Rattenschwanzhaarspitzenglanz

Vorschläge für Worttreppen

Rechenbuch ➡ Windschatten

Glückskinder ➡ Zaunpfahl

Mantelsaum ➡ Finderlohn

Autobahn ➡ Hundefutter

Schweinebauch ➡ Mittelstürmer

Hausdach ➡ Beinbruch

© Verlag an der Ruhr, Postfach 10 22 51, 45422 Mülheim an der Ruhr, www.verlagruhr.de, ISBN 978-3-86072-201-5

✖ Übermale im Buchstabenquadrat alle 20 versteckten V-Wörter. 10 davon stehen waagerecht, 10 senkrecht.

✖ Notiere in einer Liste alle gefundenen Wörter untereinander.

Zu dieser fortlaufenden Spirale sind von links oben bis ins Innere des Quadrates 20 Wörter aneinandergefügt.

✖ Notiere alle als Liste auf ein Blatt.

```
H A S T D U A L L E   20
V O L K A V I E L D V
L O K O M O T I V E W
A V O N P L V E V T Ö
V E R S U L E V I E R
V A S E L V N U P K T
I L A R V O T L E T E
K U R V E R I K R I R
A V V E R B L A G V V
R V A G E F U N D E N
```

```
F A H N D E R G E R A
E E R L A V A D O S D
⌐ U T E R E I M H E E
R E M E H L W E I W N
H L R C H L A N N O U
Ä E U E G N I T R M M
F R E R E N P E T M E
E N E T R T V E R A E
G Z N E M U L B T R R
N U G I D N I W U Z Z
```

Zu jedem V-Wort auf deiner Liste passt von der Bedeutung her ein bestimmtes Wort aus der Spirale. Vergleiche also beide Listen genau:

✖ Welche 20 Paare gehören vom Sinn her zusammen? Es darf kein Wort übrig bleiben.

✖ Übermale in diesem Buchstabenquadrat alle 26 versteckten Wörter. 13 davon stehen waagerecht und 13 senkrecht.

✖ Notiere alle gefundenen Wörter untereinander als Liste. (Tipp: Drei Wörter schreiben sich klein).

Zu jedem Wort auf deiner Liste passt von der Bedeutung her ein bestimmtes Wort aus der Spirale. Vergleiche also beide Listen genau:

✖ Welche 13 Paare gehören vom Sinn her zusammen? Es darf kein Wort übrig bleiben.

```
D O P P E L D D G G
E B A G G E R E R S
W I D D E R O M E C
P U D D I N G A L H
A T E D D Y G K D A
S F L A G G E E O U
S C H A K E N L G K
A L A K E N L U G E
U B A R K E E K E L
F X C K S T R E I K
```

```
A U S W E I S Ö F F N U
N Z E L S C H W U R S T U N G
I H U N D H O R N M T G
E B B R O T G E L E A S
N A T E T T S I B R D T E
E F S B A U N H A K K T E
H E N B A B S T O O I S
C E R A N T G H L S E
U K A U S K A U T H U E
E F H C H A R S E H H F
```

© Verlag an der Ruhr, Postfach 10 22 51, 45422 Mülheim an der Ruhr, www.verlagruhr.de, ISBN 978-3-86072-201-5

In diesem Buchstabengewimmel verstecken sich genau 16 waagerechte Wörter mit „sch". Alle werden klein geschrieben, weil alles Adjektive oder Verben sind.
In jeder Zeile kommen ein bis zwei Wörter vor.

✖ Übermale alle (Folie, Filzstift), und schreibe sie unten nach Verben und Adjektiven geordnet auf.
(Tipp: insgesamt 8 Verben und 8 Adjektive).

```
g e r o s c h w a r z a r o p t z i s c h l a f e n o p
v e r i x a m p a q u o s c h l a u k e r t e v o l ü k
b a b r e n k o s c h w e r q z a n y p h e r t a m p f
a k r o s c h w a l e n i r s c h m i e r e n t l a h s
p i r s c h m e l z e n g l a p f z e r s c h l i m m e
g r a n k a s s c h w i t z e n t ö s s c h a l b u n g
k a s c h o l w e i s c h w i s c h m a t z e n s s c h
f e i l s c h m e t t e r n a l a s c h l e c h t a l z
b a s c h n e i d e n t z e r s c h o s c h a r f x u p
s c h i n u r s c h m a l x a u s c h l e c k e n z i a
```

In diesem Buchstabengewimmel findest du waagerecht genau 30 Nomen, die mit „sch" gesprochen, aber nicht immer so geschrieben werden, und zwar immer zwei pro Zeile.

✖ Übermale alle (Folie, Filzstift), und schreibe sie als Liste heraus auf ein Notizblatt.

✖ Ordne deine Wortliste nach den 5 folgenden Themenbereichen:

A) Körperteile   B) Tiere   C) Berufe
D) Wetter   E) Bekleidung

Zu jedem Thema gehören sechs Wörter.

So kannst du weitertrainieren:

✖ Lies die „sch-Wörter" mehrfach laut.

✖ Decke mit einer Spielkarte Wort um Wort zu. Schreibe aus der Erinnerung jedes Wort sofort auf, und kontrolliere die Rechtschreibung.

```
P L A R O S C H N A B E L Z A L A X O S C H N E C K E L
B O S C H M I E D R E F R E S C H W Ü L E B K A B R I Z
T R A S P O R S T I E F E L I G E S C H L I P S A P S I
R E M I S C H W A N Z A C K A K L I S C H W E I F E L T
S C H W E U T Z I S C H W A N W I S P U S T U R M A F E
I S C H O S K I H O S E A R C H O S C H N A U Z E L O P
S O L S C H N E I D E R O O L S P I N N E S P A F S C H
A F R I S A K S C H R E I N E R S A S C H Ü R Z E B T A
P F I R S C H A L Z I S P E S T R A H L E N S O L M A I
R O S B R A S P A T Z E B R O N S T R Ö M U N G E P A S
Z I E S C H U L T E R O P R O K T A X O S P I O N A G L
S C H W I B S T O R C H I D E U S T R Ü M P F E P O C K
P R U S T I R N E H M I X A S P O R T L E R Ä N D E B E
L I S P A I S C H N E E C K R O V E S T I E R E V I R X
S C H L A T I Q U S C H L O S S E R Ä S C H A U E R T S
```

© Verlag an der Ruhr, Postfach 10 22 51, 45422 Mülheim an der Ruhr, www.verlagruhr.de, ISBN 978-3-86072-201-5

30 Nomen zum Thema „Weltraum" findest du hier.
20 davon stehen waagerecht und 10 senkrecht.

✖ Übermale jedes entdeckte Wort (Folie, Filzstifte),
und streiche es auf der Liste rechts ab. Die Liste
ist nach dem ABC geordnet.

✖ Schlage bitte im Lexikon nach, wenn du über
eines der Wörter genauere Angaben möchtest
oder es erstmals hörst.

Weltall

Versteckte Wörter: All, Bahn, Erde,
Fähre, Gas, Glanz, Jupiter, Kapsel, Ko-
met, Krater, Lichtjahre, Mars, Masse,
Merkur, Milchstraße, Mond, Neptun,
Planet, Pluto, Satellit, Saturn, Sonde,
Sonne, Stern, Strahlung, Teleskop,
Trabant, Umlauf, Uranus, Venus

```
L I C K A P S E L L U P S T O N E P T U N G R I X E S T
A U L A X R J M M A S S E P P A K E F Ä H R E L E S T E
U N A U L S U R A N U S M U G R O B B R A I S E R D E X
C H O V E R P L U T O A A P A O M P R A P L A N E T L O
K E S E I M I L C H S T R A S S E B E K R A T E R I E N
G L A N Z E T T L A X E S T I O T A U M L A U F E S S I
A E L U R M E R K U R L O A L I C H T J A H R E I C K E
S I L S T E R N I P I L T R A B A N T I S A N X A L O T
F R U W O M O N D Ä R I P P S E F A U S O N N E C H P A
A B O K S O N D E M A T Z L A I S T R A H L U N G A B A
```

In den Alpen und vor allem in Nationalparks leben
noch wilde Tiere, von denen du manchen im Flach-
land kaum mehr begegnest.
30 davon sind hier versteckt (20 waagerecht,
10 senkrecht).

✖ Übermale jedes Tier (Folie, Filzstifte), und streiche
es auf der Liste rechts ab. Die Liste ist nach dem
ABC geordnet.

✖ Falls dir ein Tier unbekannt ist, schlage bitte im
Lexikon nach.

Wilde Tiere

Versteckte Wörter: Adler, Auerhahn,
Bachstelze, Bergfink, Biber, Bussard,
Dachs, Dohle, Elster, Eichhorn, Eule,
Fuchs, Geier, Gämse, Habicht, Hase,
Hirsch, Iltis, Kreuzotter, Luchs, Marder,
Murmeltier, Natter, Reh, Specht, Stein-
bock, Uhu, Viper, Wiesel, Wildsau

```
H E R T E I C H H O R N A G B A C H S T E L Z E M P O S
A A N Z G A D L E R B A L K U E W I E S E L A R I O B T
B C K R E U Z O T T E R R I S M A T I K A B I B E R L A
I D E S P E C H T O R W A P S T R E B D O H L E H M B T
C A L T I R E U L E G I X T A E L S T E R Ö T I N A S P
H C L U C H S I A S F L E A R K A N T I H V I P E R S A
T H A I N A T T E R I D I R D G Ä M S E A M S T I D C C
U S T E U H U R T I N S T E I N B O C K S H O R F E U L
G E I E R N A N E C K A C H P U M U R M E L T I E R H E
D U R G A P U X R E F U C H S I A C H I R S C H Ö P C I
```

© Verlag an der Ruhr, Postfach 10 22 51, 45422 Mülheim an der Ruhr, www.verlagruhr.de, ISBN 978-3-86072-201-5

Mausarme Paare

In jeder Zeile dieses Buchstabengewimmels versteckt sich ein Nomen.

✖ Übermale es (Folie, Filzstifte).

✖ Übertrage alle 10 gefundenen Nomen in die Liste unten links beim entsprechenden Kleinbuchstaben.

Beispiel: „Maus" findest du in der Zeile a. Schreibe deshalb in die Liste bei a „Maus".

a	G	E	M	A	U	S	T	E	L	A	N	K
b	B	R	A	C	H	I	M	B	Ä	R	E	N
c	G	Ö	R	S	T	E	I	N	N	E	N	A
d	R	E	T	Z	O	W	I	E	S	E	L	E
e	U	N	A	B	L	I	T	Z	E	N	T	O
f	B	L	A	T	U	R	O	B	L	U	T	I
g	E	B	R	O	R	O	S	T	I	E	S	T
h	S	C	H	N	A	B	L	E	I	Q	R	L
i	E	M	P	E	C	H	S	T	R	I	X	E
k	G	A	R	A	G	R	A	S	P	E	R	G

In jeder Zeile versteckt sich ein Adjektiv.

✖ Übermale es (Folie, Filzstift).

✖ Schreibe alle 10 gefundenen Wörter mit ihrer Zeilennummer als Liste auf ein Notizblatt.

1	b	r	e	s	c	h	n	e	l	l	k	e
2	z	e	r	e	i	c	h	e	l	t	r	o
3	j	u	j	u	j	u	n	g	o	u	r	t
4	a	m	e	n	s	c	h	w	a	r	z	o
5	b	e	s	t	a	r	k	o	l	i	m	p
6	b	r	i	n	g	r	ü	n	z	e	l	n
7	t	r	o	r	o	t	o	l	p	a	t	z
8	s	t	r	a	c	k	a	r	m	e	n	t
9	r	a	u	f	l	i	n	k	s	e	r	n
10	s	c	h	w	e	r	s	s	a	k	s	e

✖ Ordne jedem eingetragenen Nomen das passende Adjektiv zu. Jedes Paar muss sich zu einem zusammengesetzten Wort verbinden lassen.

Beispiel: zu a „Maus" passt das Adjektiv „arm", welches du in Zeile 8 findest.

✖ Schreibe alle Zusammensetzungen in der Spalte unten rechts nochmals in verbunder Form: „mausarm".

zu [a] Maus .... gehört [8] arm ➡ mausarm
zu [b] .... gehört [ ] .... ➡ ....
zu [c] .... gehört [ ] .... ➡ ....
zu [d] .... gehört [ ] .... ➡ ....
zu [e] .... gehört [ ] .... ➡ ....
zu [f] .... gehört [ ] .... ➡ ....
zu [g] .... gehört [ ] .... ➡ ....
zu [h] .... gehört [ ] .... ➡ ....
zu [i] .... gehört [ ] .... ➡ ....
zu [k] .... gehört [ ] .... ➡ ....

© Verlag an der Ruhr, Postfach 10 22 51, 45422 Mülheim an der Ruhr, www.verlagruhr.de, ISBN 978-3-86072-201-5

Paare nach Lust und Laune

Rechts stehen 25 Nomen. Jedes kommt doppelt vor.

✖ Streiche alle 25 Paare so schnell wie möglich ab (Folie, Filzstift). Wie lange hast du gebraucht? Kannst du dich in späteren Durchgängen steigern?

Partnerarbeit:

✖ A zeigt auf ein Wort; B sucht blitzschnell dessen „Zwilling" (mit Rollenwechsel).

Sack	Fleisch	Knall	Leben	Fisch
Hab	Tag	Lust	Stuhl	Stein
Tag	Freud	Hund	Katze	Blitz
Knall	Himmel	Strich	Schall	Ross
Tür	Fisch	Stuhl	Ross	Fuchs
Stock	Sack	Freud	Wind	Hab
Wind	Schall	Kind	Blitz	Stumpf
Lust	Leben	Kraut	Stock	Strich
Himmel	Katze	Stein	Fleisch	Kind
Kraut	Hund	Stumpf	Fuchs	Tür

Rechts findest du 25 Nomen. Jedes kommt doppelt vor.

✖ Streiche alle 25 Paare so schnell wie möglich ab (Folie, Filzstift). Notiere deine Zeit! Kannst du dich in späteren Durchgängen steigern?

Partnerarbeit:

✖ A zeigt auf ein Wort; B sucht blitzschnell dessen „Zwilling" (mit Rollenwechsel).

Rüben	Stiel	Kegel	Stein	Faden
Wetter	Hölle	Donner	Hase	Katze
Reiter	Leid	Bein	Laune	Nacht
Rüben	Gut	Vogel	Maus	Angel
Kegel	Laune	Angel	Fall	Reiter
Gut	Stein	Bank	Wetter	Blut
Katze	Faden	Stiel	Vogel	Bank
Donner	Pack	Blut	Tod	Rauch
Hölle	Bein	Maus	Nacht	Rauch
Pack	Hase	Tod	Leid	Fall

✖ Verbinde die zusammengehörenden Nomen aus den Tabellen oben zu Paaren, und vervollständige die Tabelle rechts entsprechend.

Beispiel: „Lust" aus Kasten 1 ergibt zusammen mit „Laune" aus Kasten 2 den Ausdruck „nach Lust und Laune".

✖ Kennst du ein Lückenwort nicht, dann suche es bitte in Kasten 1 oder 2.

über .... und Stein

bei .... und Wetter

zwischen Tür und ....

in .... und Leid

mit .... und Reiter

weder .... noch Vogel

nach Strich und ....

mit Hab und ....

.... und Hölle

zwischen .... und Bank

in .... und Blut

auf .... und Tod

Kraut und ....

.... und Donner

Fuchs und ....

wie .... und Maus

wie Hund und ....

wie .... und Nacht

mit .... und Stiel

mit .... und Kegel

Knall auf ....

Stein und ....

mit .... und Pack

nichts als .... und Rauch

© Verlag an der Ruhr, Postfach 10 22 51, 45422 Mülheim an der Ruhr, www.verlagruhr.de, ISBN 978-3-86072-201-5

Scheue und forsche Brautpaare

Jedes dieser 25 Nomen rechts ist zweimal vertreten: in der Einzahl und in der Mehrzahl. Das „a" wird jeweils umgeformt zu „ä".

✖ Wie lange brauchst du, um alle „siamesischen Zwillinge" zu finden?

✖ Streiche die gefundenen Wörter ständig ab (Folie, Filzstift), und notiere deine Zeit.

Fach	Bräute	Bräuche	Laus	Wände
Stände	Strand	Pfand	Bäuche	Länder
Stand	Hand	Bänder	Brände	Häuser
Brauch	Gäste	Nacht	Zäune	Brand
Dach	Wand	Bauch	Rand	Ast
Laden	Fächer	Hände	Väter	Strände
Vater	Zaun	Raum	Haus	Träume
Pfänder	Läuse	Baum	Läden	Nächte
Gast	Ränder	Land	Braut	Räume
Bäume	Band	Traum	Äste	Dächer

Unter A und B stehen 45 verschiedene Adjektive. In jeder Tabelle kommen alle Wörter zweimal vor.

✖ Suche möglichst rasch alle Zwillingspaare.

✖ Streiche die gefundenen Wörter ständig ab (Folie, Filzstift), und notiere deine Zeit.

✖ Versuche es später wieder, und vergleiche: Wirst du schneller? Mache nach Liste A unbedingt eine Pause, bevor du Liste B in genau gleicher Art bearbeitest.

✖ Nimm Wort für Wort in Liste A, und überlege, wie das Gegenteil heißt. Wenn du das Gegenteilwort zweimal in Liste B findest, darfst du die gegensätzlichen Geschwister in A und B abstreichen (Folie, Filzstift).

Nachdem du alle Gegensatzpaare aus A und B entdeckt hast, bleiben in jeder Liste 10 Einzelwörter übrig.

✖ Markiere sie mit einer anderen Farbe.

✖ Erstelle jetzt zwei Adjektiv-Listen:
  – Welche Wörter aus A haben kein Gegenteil in B?
  – Welche Wörter aus B haben kein Gegenteil in A? Ⓛ

A

scheu	stumpf	leise	trocken	krumm	leer
hungrig	hart	trüb	steil	nah	richtig
häufig	fett	hell	stumpf	tot	eng
früh	klug	selten	spät	krumm	langsam
rund	stark	krank	alt	arm	groß
fett	hoch	stark	schmal	arm	hart
traurig	heiß	dick	neu	besetzt	grob
schräg	leer	groß	offen	hell	leise
krank	selten	offen	steil	alt	zahm
neu	früh	grob	tot	viel	nah
dick	teuer	scheu	heiß	klug	viel
traurig	leicht	hungrig	schräg	leicht	eng
mutig	rund	trocken	kurz	hoch	trüb
wertlos	teuer	kurz	schmal	richtig	mutig
spät	zahm	besetzt	wertlos	häufig	langsam

B

billig	mager	spät	falsch	locker	reich
fern	passiv	flach	wenig	gut	klar
weich	wild	trocken	mager	lang	jung
faul	satt	fremd	alt	locker	voll
ledig	gesund	südlich	gerade	dumm	nass
wild	dünn	gesund	schwach	passiv	laut
klein	früh	fein	häufig	sehend	spitz
reich	nass	kalt	trocken	spät	südlich
fremd	kalt	wenig	gerade	tief	fein
faul	sehend	lang	schnell	gut	früh
froh	billig	klein	satt	schnell	laut
kaputt	fern	spitz	kaputt	jung	eckig
ledig	falsch	dunkel	dünn	flach	forsch
froh	dunkel	schwach	klar	eckig	alt
tief	häufig	forsch	weich	voll	dumm

© Verlag an der Ruhr, Postfach 10 22 51, 45422 Mülheim an der Ruhr, www.verlagruhr.de, ISBN 978-3-86072-201-5

Unten stehen 180 Wörter.
Sie sind bunt durcheinandergemischt.
Deine Aufgabe ist es, sie nach 12 vorgegebenen Überschriften inhaltlich zu ordnen. Zu jedem Themenkreis gehören jeweils 15 Wörter.
Am besten arbeitest du in mehreren Etappen und gehst so vor:

✖ Lege dein Arbeitsblatt unter eine Folie, und nimm einen wasserlöslichen Filzstift. Starte mit dem Themenkreis A „Gehen".

(L)

✖ Lies die Wörter zeilenweise zügig durch, und unterstreiche alle Wörter, die inhaltlich zu dieser Überschrift passen.
Hast du die 15 Wörter entdeckt?

✖ Schreibe die gefundenen Wörter als Liste heraus.

✖ Reinige die Folie, und gehe beim nächsten Themenkreis B „Fliegen" wieder genau gleich vor.

Verteile die Aufgabe auf mehrere Tage. Am Schluss sind 12 Themenlisten mit je 15 Wörtern entstanden. Alle Wörter lassen sich also den vorgegebenen Überschriften sinnvoll zuordnen.

A Gehen	**E** Umweltschutz	**I** Wasser
B Fliegen	**F** Schule	**K** Gebäude
C Pferde	**G** Theater	**L** Musizieren
D Abenteuer überleben	**H** Freundschaft	**M** Spiel und Sport

Alu Dom Hit Ski See Turm Fach Flug Burg Trab Crew Bach Meer Lied Fluss Villa Skat grün Haus Chor Heft Ozon Kurs Müll eilen Szene Lotse Stute Wüste Mathe Regie mögen Teich Halma Höhle Orgel waten Biwak Bühne gehen sauer Kanal Kanon Zügel Regen Feuer Beton Musik Rolle Hafer Pause Stück Flöte Welle Geige bauen Funker misten Zensur Flügel Diktat Schach singen regnen Galopp Ballett Quelle Fohlen Kirche Sattel teilen laufen lernen Fabrik Tümpel helfen Gefahr Klasse Abfall Ticket proben wohnen Freund Urwald Abflug hüpfen Landung Billard Gitarre tauchen Leergut stapfen Kompost Pilotin Energie anrufen Applaus Kulisse fließen Prüfung Pionier humpeln Cockpit Dressur Vorhang Klavier Fußball sammeln Treffen Gameboy wandern Kostüme spielen Alphorn würfeln Schimmel Auftritt Schlager Trompete trippeln Geschenk stolpern Zaumzeug besuchen Bungalow Himalaya abbaubar Lehrerin schenken Freundin Atlantik Marathon Handball spazieren Gefängnis schwimmen Vertrauen kampieren Zuschauer schlurfen ausreiten Hitzefrei Wohnblock begleiten überleben Stewardess Abenteuer Schulbank Landebahn sortieren Startbahn chlorfrei Notvorrat Wandtafel Baustelle Dschungel Grenzwert Pferdebox darstellen stolzieren schlendern Steigbügel verabreden Aufführung Schlafsack Doppelkopf Klarinette Streetball Höhenruder schleichen Stundenplan Kartenspiel Sportverein vertraulich Zirkuspferd Verabredung Bauarbeiter Pfandflasche Kochgeschirr Bodenpersonal

© Verlag an der Ruhr, Postfach 10 22 51, 45422 Mülheim an der Ruhr, www.verlagruhr.de, ISBN 978-3-86072-201-5

Im untenstehenden Kästchen
sind 14 Wörter aufgeführt.
10 davon findest du auch in den
2 Spalten rechts wieder.

✖ Gib bitte an, in welcher Zeile.
Du hast 20 Minuten Zeit.

Adler	....
Ausbruch	....
Beinkleid	....
Erdkugel	....
Flutwellen	....
Gehörgang	....
Kostenträger	....
Maxi-Jeans	....
Mini-Äffchen	....
Organ	....
Vanilleeis	....
Vögel	....
Winzlinge	....
Zoo	....

Im untenstehenden Kästchen
sind 14 Wörter aufgeführt.
10 davon findest du auch in den
2 Spalten rechts wieder.

✖ Gib bitte an, in welcher Zeile.
Miss deine Zeit.

furchtsamsten	....
Geburt	....
hochgeschleudert	....
Gramm	....
größte	....
Höhle	....
neben	....
Polargebiet	....
Stein	....
Tiergarten	....
übrigens	....
ungeheuren	....
Vertreter	....
zugleich	....

1 Der üppigste Bananensplit der
2 Eis-Geschichte wurde unzäh-
3 ligen Leckermäulern im nord-
4 amerikanischen Bundesstaat
5 Pennsylvania vorgesetzt.
6 33000 Bananen, 9500 Liter
7 Vanilleeis und 570 Liter flüssi-
8 ge Schokolade ergaben 7,24
9 Kilometer „Split" und zugleich
10 eine Kalorienbombe von 12,6
11 Millionen Kilokalorien.

12 Die kleinsten Affen der Welt
13 können sich, bei einer Kör-
14 pergröße von 20 Zentimetern,
15 auf der Hand ihrer Besitzer
16 bequem ausstrecken. Die
17 zwei Mini-Äffchen gehören zur
18 Familie der Pygmäenaffen,
19 deren kleinste Vertreter sie
20 zurzeit sind. Bei ihrer Geburt
21 waren die Winzlinge nur je-
22 weils zehn Gramm schwer;
23 nach einem Jahr wogen sie
24 bereits stattliche 120 Gramm.
25 Kostgänger sind die beiden
26 übrigens nicht in einem Zoo,
27 sondern bei einer tierlieben-
28 den Familie in den französi-
29 schen Pyrenäen.

30 Das größte Ohr der Welt ist
31 zwar aus Stein, weist aber ge-
32 genüber dem menschlichen
33 Organ einen Superlativ auf: Es
34 handelt sich um das „Ohr des
35 Dionysos", eine 23 Meter
36 hohe, bis zu 11 Meter breite
37 und 65 Meter tiefe Grotte. Ihre
38 Form gleicht dem Gehörgang
39 eines menschlichen Ohres.
40 Jedes in der Grotte erzeugte
41 Geräusch verstärkt das Echo
42 zu einem ohrenbetäubenden
43 Lärm. Die Grotte kann im
44 „Parco Monumentale della
45 Neapolis" bei Syrakus auf Si-
46 zilien besichtigt werden.

47 Die furchtlosesten Tiere der
48 Welt leben auf den Gala-
49 pagos-Inseln, rund 1000 Kilo-
50 meter von der Küste Ecuadors
51 entfernt. Die Inselgruppe, die

52 seit Jahrmillionen vom süd-
53 amerikanischen Subkontinent
54 getrennt ist, bot stets beste
55 Voraussetzungen für ein Tier-
56 paradies. Hier fliehen die Tiere
57 nicht vor dem Menschen, son-
58 dern suchen sogar seine
59 Nähe. Selbst die furcht-
60 samsten aller Tiere, die Vögel,
61 nähern sich ohne Scheu.

62 Der größte Vulkanausbruch
63 seit Menschengedenken fand
64 am 26. und 27. August 1883
65 auf der kleinen Vulkaninsel
66 Krakatau statt. Die Insel, die in
67 der Sundastraße zwischen Su-
68 matra und Java/Indonesien
69 liegt, wurde durch diesen
70 fürchterlichen Ausbruch zum
71 größten Teil zerstört. Die
72 Staubteilchen, die die Sonne
73 verdunkelten, wurden bis 80
74 Kilometer hochgeschleudert
75 und kreisten noch jahrelang
76 um den Erdball, sodass die
77 Auswirkungen der ungeheuren
78 Explosion selbst in der nördli-
79 chen Polarregion zu spüren
80 waren. Durch die Lage des
81 Vulkans in der See entstanden
82 20 Meter hohe Flutwellen, die
83 ca. 40000 Menschen und wei-
84 te, blühende Landstriche ver-
85 nichteten.

86 In die größten Jeans der Welt
87 müssen 650 junge Leute mit
88 ihren 1300 Beinen hinein-
89 schlüpfen, um sie einiger-
90 maßen auszufüllen. Das über-
91 dimensionale Beinkleid, das
92 1987 bei einem Festival der
93 Rekorde in Aubigny/West-
94 frankreich zu sehen war, wiegt
95 600 Kilogramm und misst
96 mehr als 400 Quadratmeter.

(Aus dem Buch: „Rekorde")

© Verlag an der Ruhr, Postfach 10 22 51, 45422 Mülheim an der Ruhr, www.verlagruhr.de, ISBN 978-3-86072-201-5

Gesucht in Kleininseraten

In Jugendzeitschriften findest du manchmal Inserate von Kindern und Jugendlichen, die Briefpartner suchen.

✖ Lies die Anzeigen rechts aufmerksam durch, und finde heraus, auf welche Kinder die zwölf Fragen unten zutreffen. Trage bei jeder Frage den Vornamen des entsprechenden Kindes ein.

✖ Wenn du alle Antworten gefunden hast, überträgst du die Anfangsbuchstaben der Vornamen ins Lösungskästchen. Achte darauf, dass du sie genau in der Reihenfolge der Fragen zusammenfügst. Wie heißt dein Lösungswort?

✖ Stellt euch gegenseitig sechs weitere Fragen, die eindeutig beantwortbar sind. Wie lange braucht der Partner, bis er die entsprechende Anzeige findet?

1 **Wer sammelt Briefmarken?** ....

2 **Wer treibt Aerobic?** ....

3 **Wem gehört Billy?** ....

4 **Wer sucht Partner auf dem Land?** ....

5 **Wer verlor die Adresse?** ....

6 **Wer betreibt Karate?** ....

7 **Wer ist Fan des Hamburger SV?** ....

8 **Wer schreibt gern Geschichten?** ....

9 **Wer sammelt Telefonkarten?** ....

10 **Wer kommt aus Ghana?** ....

1 1 **Wer tauscht Pferdebücher?** ....

12 **Wer fährt Mountainbike?** ....

Anfangsbuchstaben

1	2	3	4	5	6	7	8	9	10	11	12

L ö s u n g s w o r t

!!! Die Namen und Adressen aller Kinder wurden verändert. Schreibt ihnen also nicht. !!!

Schreib mir

Eva Bögel, 10, Kruggasse 18, 66629 Freisen.
I: Pony reiten, alles über Pferde (tausche Poster und Bücher), Game-Boy spielen. W: M mit ähnlichen Interessen oder dem gleichen Vornamen, bitte mit Foto.

Bea Hürmann, 11, Gutstr. 7, 19205 Drieberg.
I: Snowboard, Katzen, Ratten, Delfine, Briefmarken sammeln. Alles Weitere im Brief. W: J oder M in meinem Alter.

Leo Stadler, 11, Bergstr. 2, 45326 Essen.
I: Segelflugzeuge basteln, Mountainbike, Pfeilbogen schießen, Karl-May-Bücher. W: J von 11–13. Beantworte jeden Brief.

Irma Meyer, 11, Rankstr. 65, 48249 Dülmen.
I: Handarbeiten, Puzzle, Musik hören, Kinder hüten, mit Freundinnen lachen. Habe Labradorhund (Billy). W: M zwischen 10 und 13. Foto wäre super.

Heinz Heer, 11, Im Grund 83, 26835 Hesel.
I: Fußball, Telefonkarten sammeln, Musik hören (Tote Hosen). W: J und M ab 11, bitte Foto.

Erik Ganz, 12, Bordweg 23, 71032 Böblingen.
I: Helfen auf Bauernhof, Bäume, Tiere (züchte Kaninchen). W: J in meinem Alter mit ähnlichen Interessen, der auf dem Land wohnt. Antworte bestimmt rasch.

Wanda May, 11, Eggstr. 92, 59071 Hamm.
I: Schwimmen, Schlittschuh und Rollschuh laufen, Briefe schreiben, Karate. W: J oder M in meiner Nähe. Wir können uns auch treffen.

Ria Peters, 12, Austr. 13, 57078 Siegen.
I: Musik hören (Rock'n'Roll, Heavy Metal, Punk), Tanzen, Aerobic, mit andern zusammen sein, Schwimmen. Bin immer gut gelaunt. W: M oder J ab 12, bitte mit Foto.

Charlotte Müller, 12, Werdstr. 9, 12247 Berlin.
I: Brieffreundschaften, Geschichten schreiben, Lesen, Übernatürliches und natürlich du. W: Bitte nur M ab 12 oder wer (wie ich) am 11.7. geboren ist.

Emilio Santi, 14, Binzstr. 65, 22179 Hamburg.
I: Spiele E-Gitarre in Band (Rap), HSV-Fan, Computer, Kino, Disco, Leute kennenlernen. Alles, was Spaß macht. W: M ab 13 in meiner Nähe, wenn's geht mit Steckbrief und Foto. Antworte garantiert (deutsch oder italienisch).

Sampras Acheampong, 18, T.I. AMASS, Box 2154, Kumasi-Ashanti, Ghana, Westafrika.
Suche BriefpartnerIn in Deutschland. Wer schreibt mir?

Fanny Senn, 11, für Sevim Demirkian, 13, irgendwo in Stuttgart.
Habe deine Adresse verloren. Schreibe bitte nochmals, ja?

© Verlag an der Ruhr, Postfach 10 22 51, 45422 Mülheim an der Ruhr, www.verlagruhr.de, ISBN 978-3-86072-201-5

Kannst du mit Wortketten zaubern?
Dieses Spiel hat der Engländer Lewis
Carroll („Alice im Wunderland")
erfunden:

✖ Nimm zwei kurze Wörter mit gleich
vielen Buchstaben. Du musst das
Startwort stufenweise ins Zielwort
verzaubern. Als Zwischenglieder
brauchst du lauter gleich lange Wörter, die sich jeweils nur in einem einzigen Buchstaben unterscheiden. Ersetze also zuerst im Startwort einen
Buchstaben, dann im entstandenen
Zwischenwort usw., bis deine Wort-
kette über möglichst wenige Trep-
penstufen zum Zielwort führt.
Gezaubert wird natürlich nur mit
sinnvollen Wörtern.
Die Beispiele rechts zeigen dir, wie
es funktioniert.

✖ Verbinde die fett gedruckten Wörter
durch möglichst wenige Zwischenstufen. Die eingeklammerten
Zahlen geben an, wie viele
Zwischenwörter mindestens nötig
sind.

(2) Wie **WEIT** sind die Sterne **FORT**?

(2) Ein **BILD** hängt an der **WAND**.

(2) Siehst du den **REGEN**-**BOGEN**?

(2) Verzaubere **GRAU** zu **BLAU**!

(2) Machst du **RAST** im **HAUS**?

(3) Nimm bitte die **HAND** vom **KINN**.

(3) Ein **BAUER** sitzt im **WAGEN**.

(4) Nimm die **HUNDE** an die **LEINE**!

✖ Erfinde eigene Worttreppen, und
stelle sie den anderen als Rätsel.
Vielleicht entdeckt ihr sogar
mehrere mögliche Wege
zwischen dem Start-
und Zielwort. Ⓛ

© Verlag an der Ruhr, Postfach 10 22 51, 45422 Mülheim an der Ruhr, www.verlagruhr.de, ISBN 978-3-86072-201-5

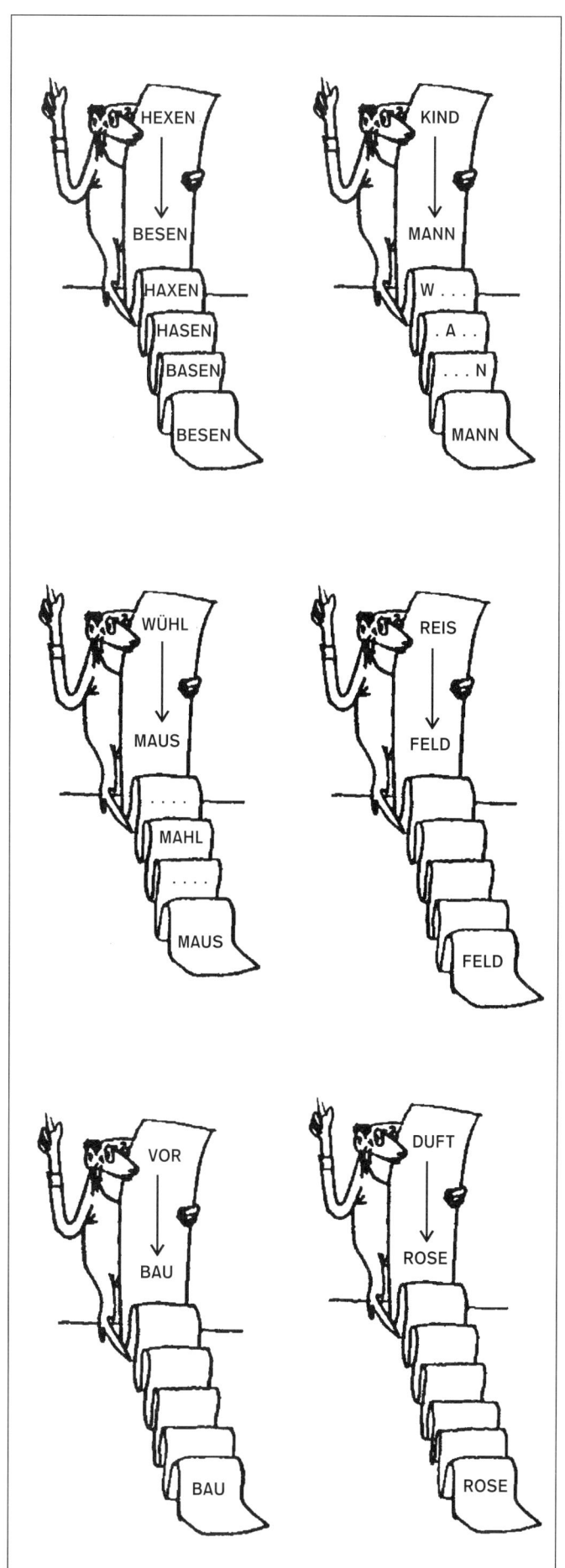

✖ Notiere möglichst viele Wörter, die du mit den gemahlenen Buchstaben bilden kannst.

Beispiel: RIESE, SERIE, REIS, EIER, EIS, SIE, SIR, IRE, SEE, ER, ES, EI

Partnerarbeit:

✖ Pro Wort, das nur du allein entdeckt hast, bekommst du einen Punkt.

✖ Spielt weiter mit eigenen Startwörtern.

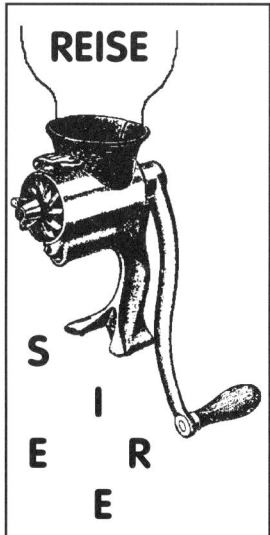

REISE

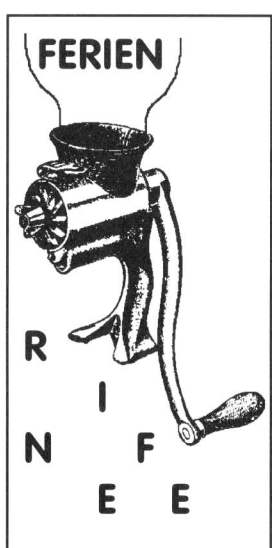

FERIEN

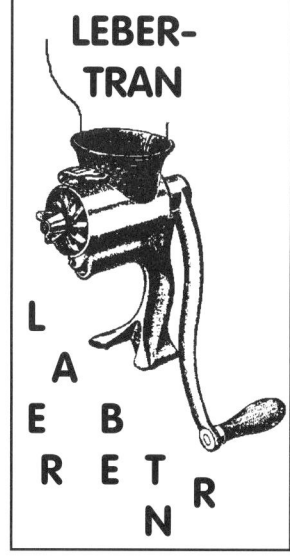

LEBER-TRAN

✖ Entdecke die versteckten Wörter:

✖ Entdecke die versteckten Wörter:

✖ Entdecke die versteckten Wörter:

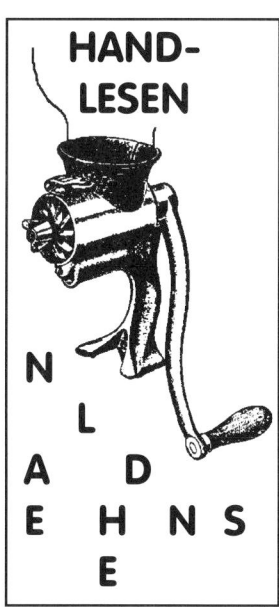

HAND-LESEN

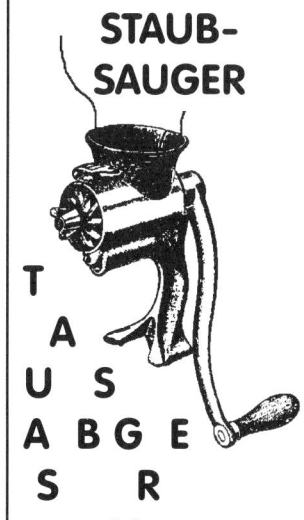

STAUB-SAUGER

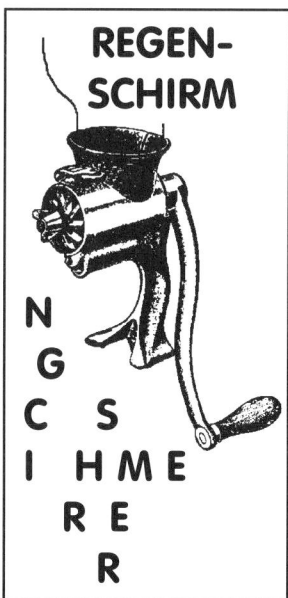

REGEN-SCHIRM

© Verlag an der Ruhr, Postfach 10 22 51, 45422 Mülheim an der Ruhr, www.verlagruhr.de, ISBN 978-3-86072-201-5

Versteckte Namen

Im nebenstehenden Text sind 47 Vornamen von Mädchen und Jungen versteckt. Du findest unten eine alphabetische Liste aller versteckten Kinder. Lies dir die Geschichte durch, und versuche, alle Kinder zu finden.

✖ Wenn du einen Vornamen entdeckst, streich ihn bitte in der Liste ab, und setze die Zeilennummer der Fundstelle dazu.
(Einige Namen kommen mehrmals vor. Manche Namen laufen über zwei Zeilen.)

Einkauf

1 Alwin lebt im Ruhrgebiet. Es tut mir leid,
2 aber er hat so viel Pech wie sich's kaum
3 in einem Schub ertragen lässt. Ich bin da
4 ganz andres gewohnt. Eigentlich ist er der
5 größte Fan von Borussia Dortmund. Er
6 spielt auch Mundharmonika. Und im Frei-
7 bad ist er an jedem freien Nachmittag im
8 Sommer anzutreffen. Aber jetzt wird der
9 Einkauf im Einkaufszentrum fällig. Schon
10 albert Alwins Schwester herum. Eben
11 fragte sie voller Spott, ob er die Termine
12 jetzt verschiebe. Sein Fahrrad habe übri-
13 gens einen platten Reifen. Aber er geht
14 froh ans Werk und repariert das Ventil.
15 Schon radelt er los, rast über den Markt-
16 platz und kommt im Einkaufszentrum an.
17 Als ein Kollege seinen Gruß nicht erwi-
18 dert, fragt er, ob er träume.
19 „Sapperlott, ist das möglich?! Wie dieses
20 Kamel in das Parkhaus fährt! Mit Gewalt
21 erzwingt der Typ den Vortritt." Der Kolle-
22 ge gab ihm nur halb Recht. „Der winzigen
23 Bea klaust du auch den Platz fürs Dreirad!
24 Nur ungern steht sie im Regen. Auch sie
25 will ins Haus." Mit trotziger Stimmlage or-
26 gelt Alwin zurück: „Dann gib ihr doch dei-
27 nen Schirm ab! Du bist schließlich schnell
28 zu Hause." Sagte er dies nur, um den
29 Schein zu wahren?
30 Durchs Warenlager trudelt Alwin zum Lift.
31 Zum Glück gibt's keine Zeugen. Sonst
32 hätte diese Unart hurtig Folgen. Am Milka-
33 Rindvieh vorbei wieselt er in den Laden.
34 „Quark, an die Büchergestelle geh' ich
35 gar nie. Diese Schmöker stinken mir:
36 Kursbücher, Liebesromane und vom Adel
37 eine Klatschgeschichte um die andere."
38 Über Tafeln und Regale hinweg sucht er
39 den Gewürzständer.
40 Da nimmt er eine Dose Muskat hinaus und
41 einen Beutel Nelken.
42 Den Schlingel sah ein Detektiv. Er hatte
43 die vage Vermutung, Alwin sei ein Dieb.
44 Er packte ihn ohne Panik: „Lausbub,
45 komm mit!" Sofort nestelte Alwin an sei-
46 nem Schülerausweis und zeigte die leere,
47 neue Einkaufstasche. Oh Wunder, sogar
48 die richtige Quittung lag noch drin!
49 Seither essen Alwin und seine Familie lie-
50 ber Petersilie statt Muskat:
51 Ein bleib**ENDE**s Erlebnis.

Zeile		Zeile	
......	Albert	......	Irma
......	Albrecht	......	Karin
......	Andres	......	Kathi
......	Ann	......	Kerstin
......	Arthur	......	Klaus
......	Berta	......	Lotti
......	Dieter	......	Madeleine
......	Elke	......	Melinda
......	Elsa	......	Mine
......	Erich	......	Monika
......	Ernst	......	Niklaus
......	Erwin	......	Otto
......	Estelle	......	Peter
......	Eugen	......	Robert
......	Eva	......	Roman
......	Gabi	......	Sven
......	Georg	......	Theres
......	Gertrud	......	Tim
......	Hans	......	Trude
......	Hubert	......	Urs
......	Ida	......	Ute
......	Ina	......	Walter
......	Inge	......	Willi
......	Inka		

✖ Versuche, einen Satz zu bilden, in dem sich dein eigener Vorname versteckt. Schreibe ihn auf einen schmalen Papierstreifen.

✖ Wenn ihr eure Erfindungen in einem Hut sammelt, steht euch nachher eine spannende Rätselstunde bevor.

© Verlag an der Ruhr, Postfach 10 22 51, 45422 Mülheim an der Ruhr, www.verlagruhr.de, ISBN 978-3-86072-201-5

Schau dir den Titel der nebenstehenden Geschichte zuerst genau an. Wir haben darin zwei andere Wörter versteckt.
Sie sind natürlich nicht persönlich gemeint.

✖ Wo findest du die 36 Tiere in Elmars Text? Trage unten jeweils die Zeilennummer ein, und streiche die gefundenen Tiere in der Liste ab. (Manche Wörter laufen über zwei Zeilen.)

Kalter Kaffee

1 Schon um fünf Uhr kam Elmar, der
2 sonst gewiss kein Streber war, am
3 Eisenbahndamm entlang trabend,
4 nach Hause gelaufen.
5 Er sah dem eben vorbeiratternden
6 Zug zu, rieb seine klammen Hände
7 und stotterte heulend: „Kuhuhnagel!
8 Und erst noch so viele Hausaufgaben
9 … !" Es war aber auch bitterkalt.
10 „Mach du hurtig einen Tee. Mensch,
11 wein nicht so … ! Ich kann auch ei-
12 nen Kaffee vertragen", meinte El-
13 mars Mutter. Nervös drehte sie an ih-
14 rem Ehering. Kaum aus der Jacke
15 geschlüpft, massierte Elmar am
16 Küchentisch lange stumm seine
17 Hände. „Das Nähen neuer Kleider ist
18 so mühsam!", seufzte die Mutter,
19 „zum Essen gibt's Suppe." Elmar
20 trank den Tee schnell aus und ging
21 ans Werk. Er knipste die Leselampe
22 an, holte Papier aus dem Regal, setz-
23 te sich an den Tisch und begann, zu
24 schreiben. „Klöse", sein bärtiger
25 Lehrer Klaus, hatte einen wahren
26 Tieraufsatz verlangt und empfohlen,
27 ihn mit einer Zeichnung zu schmü-
28 cken. Elmar kam selten ins Stocken,
29 testete schließlich befriedigt sein ge-
30 niales Fabrikat. „Zerren wird dieser
31 Aufsatz noch an Klöses Nerven! Ge-
32 schafft: 36 Tiere habe ich darin ver-
33 steckt. Er findet sie nur, wenn er ge-
34 nau liest. Sein Kaffee ist sicher kalt
35 AMENDE."

Zeile

...... Affe
...... Ameisen
...... Amsel
...... Ara
...... Bär
...... Eber
...... Ente
...... Esel
...... Eule
...... Fohlen
...... Gans
...... Henne
...... Hering
...... Huhn
...... Hund
...... Kamel
...... Katze
...... Kuh

Zeile

...... Lamm
...... Laus
...... Marder
...... Maus
...... Mücke
...... Nerz
...... Otter
...... Rabe
...... Ratte
...... Reh
...... Rentier
...... Sau
...... Schaf
...... Schlange
...... Schwein
...... Stockente
...... Tiger
...... Uhu

✖ Verstecke selbst Tiere, Pflanzen, Eigenschaften oder Dinge in anderen Wörtern, und stelle sie den anderen als Rätsel.

Beispiel:
SCHIMMEL   dort sind die Wolken
          (=Himmel)
ERLAUBNIS verliert der Baum im Herbst
          (=Laub)

© Verlag an der Ruhr, Postfach 10 22 51, 45422 Mülheim an der Ruhr, www.verlagruhr.de, ISBN 978-3-86072-201-5

Deine Augen nehmen die Welt nicht so wahr wie das Objektiv eines Fotoapparats. Du lenkst deinen Blick und deine Aufmerksamkeit nämlich auf ganz bestimmte Einzelheiten, je nachdem, was du erwartest und dir im Kopf vorstellst. Die folgenden Bilder lassen zwei völlig verschiedene Deutungen zu.

✖ Übe bei jedem Bild das gezielte „Umkippen", und spiele damit geistig eine Weile „Ping-Pong".

✖ Kannst du sogar beschreiben, was deine Augen dabei tun? Trainiere das gezielte Umschalten immer wieder.

Blick nach rechts – Blick nach links

Junge Dame – Märchenhexe

Ente oder Hase

Weißer Kelch – schwarze Gesichter

© Verlag an der Ruhr, Postfach 10 22 51, 45422 Mülheim an der Ruhr, www.verlagruhr.de, ISBN 978-3-86072-201-5

Sicher hast du schon versucht, RETRÖW STRÄWKCÜR zu lesen. Meist ergibt sich dabei kein Sinn, und das Bild sieht auch nicht genau wie im Spiegel aus. Kein Wunder, unsere Schrift läuft ja auch von links nach rechts. Einige Wörter ergeben aber plötzlich einen neuen, unerwarteten Sinn, wenn man sie rückwärts liest.

✖ Entziffere bitte die untenstehenden Ausdrücke vom Ende her rückwärts.

✖ Schreibe daneben den neuen Wortlaut in Großbuchstaben auf.

▼

1	KNAB + LEBEN		1 ➡	NEBELBANK ....
2	REGAL + GRAS		2 ➡	....
3	NENNER + BART		3 ➡	....
4	EGAL + LEBEN		4 ➡	....
5	OEL + REUE		5 ➡	....
6	ROT + GURT + NIE		6 ➡	....
7	REHE + GOLF + AMME		7 ➡	....
8	REIB + RAB + REUEN + NIE		8 ➡	....
9	LESE RUNDER		9 ➡	....
10	NIE BORG EIN EISBIER		10 ➡	....

✖ Lies im untenstehenden Wörterturm ebenfalls von rechts nach links. Du kannst im ganzen Turm neun verschiedene sinnvolle Rückwärtswörter entdecken.

✖ Notiere neben dem Turm bei jeder Zeile, welche Wörter du darin gefunden hast.

✖ Erfinde zu einem dieser merkwürdigen Rückwärtswörter eine eigene Umdrehgeschichte. Deine Fantasiegeschichte soll

zeigen, wodurch das Vorwärtswort und das Rückwärtswort verbunden sein könnten, z.B.:

- Wie entstand aus der **NOT** ein **TON**?
- Warum wurde das **TOR** plötzlich **ROT**?
- Weshalb verwandelte sich das **GRAS** in einen **SARG**?

Du bist völlig frei, wie du deine Geschichte gestaltest.

▼

E	1 –	....
EI	2 –	....
EIN	3 NIE	....
EINE	4 –	....
EINER	5	....
SEINER	6	....
SEI NEGER	7	....
SEINE GIER	8	....

© Verlag an der Ruhr, Postfach 10 22 51, 45422 Mülheim an der Ruhr, www.verlagruhr.de, ISBN 978-3-86072-201-5

Im Deutschen gibt es wenige Wörter und Sätze, die wie durch Zauberhand von vorn und hinten gelesen die gleiche Bedeutung haben, z.B.: EGGE.

✖ Setze in Theos Brief in die Lücken die passenden Wörter ein. Alle muss man von vorn und von hinten lesen können. Die nebenstehende Liste hilft dir, die richtigen Wörter zu finden. Es bleibt kein Wort übrig.

✖ Prüfe mit einem Spiegel, welche Rückwärtswörter im Spiegelbild genau gleich aussehen wie auf dem Arbeitsblatt. Notiere sie. Ⓛ

Lückenwörter

AHA	ANNA	ARA
BUB (2X)	EHE	ELLE(N)
MARKTKRAM	NEBEN (2X)	NEFFEN
NENNEN	NETTEN	NEUEN
NUN	OTTO (2X)	RADAR
RAR	REGER	REITTIER
RENNER	RENTNER	ROTOR
SEE(S)	STETS	TAT
TOT	TRAGART	TUT
UHU		

Liebe Tante _____

_____ ist es schon zwei Jahre her seit unserer letzten Familienzusammenkunft. Ich bin jetzt pensioniert. Als _____ und mehrfacher Großvater widme ich mich vor allem meinen Enkeln, Nichten und _____ . Es _____ mir leid, aber _____ meinem Garten finde ich in der _____ kaum noch Zeit, Briefe zu schreiben.

Du erinnerst dich sicher noch an _____ , den _____ kleinen _____ aus der Familie von Marie und Franz. Mit ihm machte ich gestern einen Ausflug zum Flohmarkt am Ufer des Zürich- _____ . _____ wir all die sonderbaren Trödelstände bestaunten, fütterten wir die Schwäne und fuhren zusammen Karussell. Stell dir vor, mein Enkel wollte unbedingt, dass ich alter Mann mit ihm zusammen ein _____ besteige! Ich schwang mich also auf ein Pferd und setzte den schon schweren _____ auf meinen Schoß. Diese unbequeme _____ war anstrengend für mich, aber lustig: Wir beide lachten uns während der Fahrt jedenfalls halb _____ . Dann tranken wir eine kalte Limo und schlenderten durch den Flohmarkt. Bei einigen Ständen herrschte _____ Andrang, bei anderen wurde bloß wertloser _____ angeboten. Ich sah zum Beispiel einen _____ , aber künstlich antik behandelten Kerzenständer aus Kupfer, von welchem der Verkäufer _____ lang behauptete, wie _____ der sei. Ich würde das schlicht Betrug _____ . Als mein Enkel den Stand mit gebrauchten Spielwaren entdeckte, war er selig. Der absolute _____ für ihn war das Modell eines ferngesteuerten Helikopters samt Zubehör: Der _____ funktionierte allerdings nicht mehr. Dafür saß _____ dem Piloten im Cockpit sogar ein Kopilot und bediente eine kleine Drahtseilwinde. Am Legostand kaufte ich _____ eine _____ -Station für seine geliebte Mondlandschaft. Das kam billiger. _____ , bevor ich es vergesse: Auch der Stand mit den ausgestopften Tieren faszinierte meinen Enkel sehr. Vor allem bestaunte er einen _____ und einen _____ -Papageien. Beide sahen wirklich täuschend echt aus, vor allem die Augen.

Jetzt muss ich schließen. Amalie ruft zum Mittagessen. Bis bald.

_____

Dein Theo

© Verlag an der Ruhr, Postfach 10 22 51, 45422 Mülheim an der Ruhr, www.verlagruhr.de, ISBN 978-3-86072-201-5

✖ Lies die folgenden Spiegelsätze rückwärts:

ELLA RÜFFELTE DETLEF FÜR ALLE.
BEI LIESE SEI LIEB.
TUNK NIE OTTO EIN – KNUT.
DIE LIEBE TOTE – BEILEID.
MIT BART REIT' NIE EIN TIER TRAB – TIM.
TRUG EIN RELIEF-PFEILER NIE GURT?

Wie du siehst, lesen sich diese Spiegelsätze rückwärts gleich. In der Schule habt ihr sicher ein altes Tonbandgerät.

✖ Sprich die Sätze auf Band, und lasse das Gerät in Sprechgeschwindigkeit rückwärts laufen. Verstehst du deine Sätze noch, oder klingen sie jetzt anders?

Zum Abschluss nun eine Spiegelgeschichte. Bei dieser Geschichte allerdings sind nicht die Sätze, sondern der Inhalt gespiegelt.
So entsteht eine ganz verkehrte Welt. Darum ist die Geschichte auch in Spiegelschrift geschrieben.

✖ Lies die Geschichte erst leise, dann laut.

✖ Erfinde dann eine eigene Geschichte, in der alles gespiegelt wird, oder setze die unten stehende Geschichte von James Krüss fort.

Die sonderbare Stadt Tempone

Kennt ihr schon die Stadt Tempone,
wo Prinz Rückwärts residiert?
Es ist seltsam und erstaunlich,
was tagtäglich dort passiert!

Jeden Abend geht die Sonne
ganz genau im Norden auf.
Und der Mond beginnt im Süden
und am Morgen seinen Lauf.

Nachts holt man sich dort zum Frühstück
frische Semmeln aus dem Mund,
legt sie fein auf einen Teller
und dann gibt man sie dem Hund.

Bücher liest man dort vom Ende
bis zum Anfang mit Genuss.
Und dann bringt man sie dem Händler,
der das Buch bezahlen muss.

Mit dem Auto fährt man rückwärts.
Wenn man das Benzin vergisst,
tut man recht, denn man muss tanken,
wenn die Fahrt zu Ende ist.

Bäume fallen dort vom Himmel
bei besonders starkem Wind.
Und sie werden immer kleiner,
bis sie nur noch Samen sind.

Beim Gewitter springen Blitze
von der Erde in die Höh.
Und bei Regen ziehn die Wolken
dicke Tropfen aus dem See.

Kinder, die geboren werden,
sind gewöhnlich siebzig Jahr,
haben schlechte, braune Zähne
und natürlich graues Haar.

Solche Kinder können rechnen,
schreiben, lesen und noch mehr
und am Herd fällt diesen Kindern
auch das Kochen gar nicht schwer.

Doch sie werden täglich jünger:
sechzig, fünfzig, vierzig Jahr!
So verlernen sie allmählich
all ihr Können ganz und gar.

Auch ein Schulhaus soll es geben.
Doch ist seltsam wie sonst keins.
Für die größten Albernheiten
kriegt ein Kind dort eine Eins.

Kürzlich sprach ich mit dem Sohne
eines alten Stadtgeschlechts.
Danach liegt die Stadt Tempone
hinterm Monde - ziemlich rechts.

© Verlag an der Ruhr, Postfach 10 22 51, 45422 Mülheim an der Ruhr, www.verlagruhr.de, ISBN 978-3-86072-201-5

Diese Kippbilder samt der dazugehörenden Geschichte haben wir dem Buch „Illusoria" des Tessiners Sandro del Prete entnommen.

✖ Lies die Geschichte, und betrachte die beiden Bilder.

✖ Geh dann zu Seite 41, und entdecke, wie daraus ein einziges Bild geworden ist, das beide in sich vereint. Was siehst du wohl zuerst? Den Wildhüter oder seine Tiere?

Begegnung mit einem Wildhüter

Wir beschließen in Richtung der Berge weiterzugehen, also in das Land der Sagen und Legenden.

Wir sind schon Stunden den steilen Berghang hochgestiegen, und es fängt bereits an, zu dämmern. Da taucht plötzlich eine Gestalt vor uns auf. Der Mann wundert sich, dass wir um diese Zeit noch unterwegs sind. Gastfreundlich lädt er uns ein, mit ihm in seine Hütte zu kommen. Dort könnten wir übernachten und am frühen Morgen weiterziehen.

In seiner Hütte fällt uns ein Bild auf, welches auf dem Tisch liegt, und daneben noch ein zweites, ähnliches Bild.

Er erzählt, er sei Wildhüter in dieser Gegend. Und, auf die Bilder zeigend, meint er: „Zur Erinnerung an die Tiere meines Reviers habe ich dieses Foto von zwei Prachtexemplaren gemacht. Ein Widder und ein Steinbock bei der Tränke.

Doch als ich das Foto vergrößern wollte, fiel mir auf, dass es Ähnlichkeit hatte mit einem anderen Foto, das viel früher einmal von mir gemacht worden war. Seither wollen mir diese Tiere nicht mehr aus dem Kopf."

„Wirklich verblüffend! Man könnte es beinahe als mysteriös bezeichnen. Wie ist so etwas nur möglich?", antworte ich ihm.

Und während er das Feuer im Kamin anzündet, sagt er: „Ja, hier oben in den Bergen ist vieles mysteriös, deshalb gibt es auch so viele Sagen und Legenden."

Das Feuer knistert im Kamin, und die Schatten hinter uns tanzen mit dem Licht der aufzuckenden Flammen um die Wette.

© Verlag an der Ruhr, Postfach 10 22 51, 45422 Mülheim an der Ruhr, www.verlagruhr.de, ISBN 978-3-86072-201-5

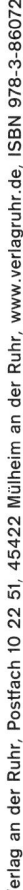

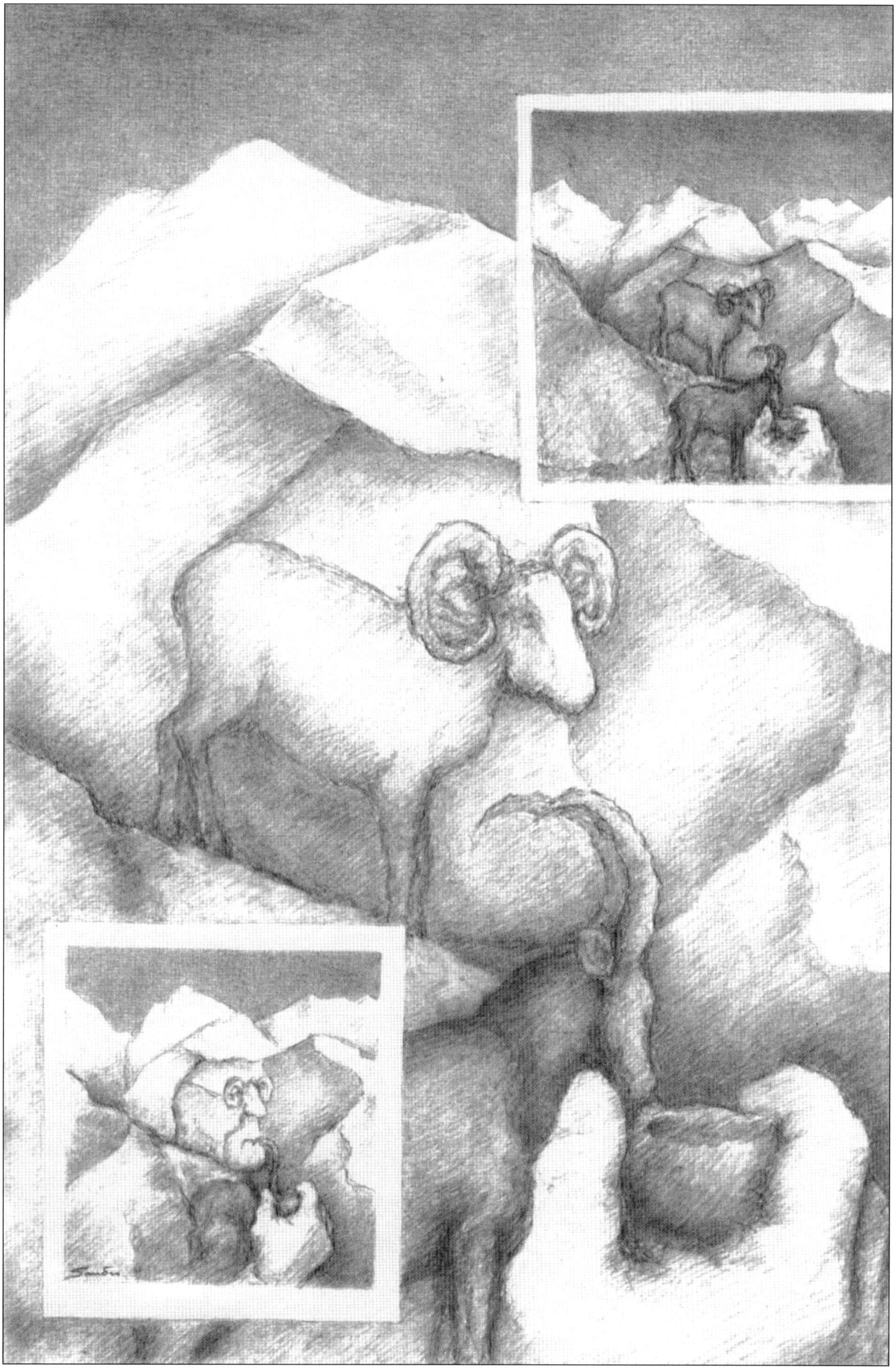

Springseile entwirren

Schau dir die acht ineinander verknäuelten Springseile rechts an. Das eine Ende ist stets mit einer Zahl markiert, das andere mit einem Buchstaben.

✖ Entwirre die Seile. Notiere jeweils, welche Enden zusammengehören.

✖ Folge blitzschnell mit den Augen allen acht Seilen (Hände auf den Rücken).

Partnerarbeit:

✖ A kontrolliert und misst die Zeit von B. Tauscht die Rollen.

✖ Wiederholt die Übung später mehrfach, und messt jeweils eure Zeit. Könnt ihr euch steigern?

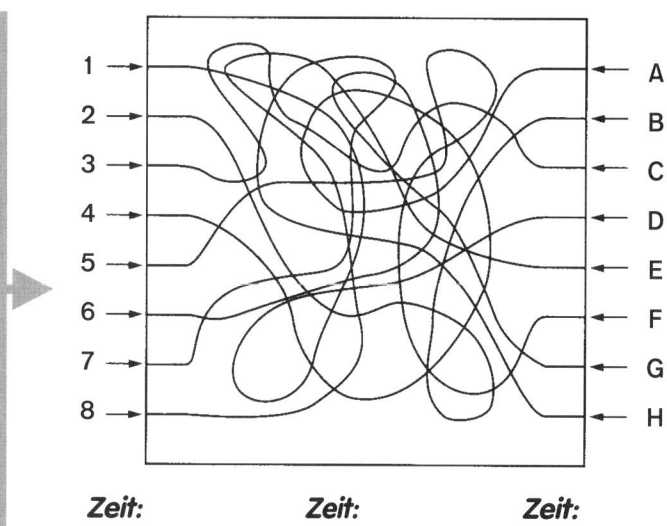

Zeit: *Zeit:*   *Zeit:*

✖ Verfolge den Weg nur mit den Augen: Welcher Buchstabe gehört zu welcher Zahl?

Partnerarbeit:

✖ Messt gegenseitig eure Zeit für alle acht Linien.

✖ Wiederholt die Übung später mehrfach. Wie könnt ihr euch steigern?

✖ Zeichnet eigene Parcours und tauscht sie untereinander aus. Je mehr Linien sich kreuzen, desto schwieriger die Aufgabe.

✖ Verfolge den Weg nur mit den Augen: Welcher Buchstabe gehört zu welcher Zahl?

Partnerarbeit:
Messt gegenseitig eure Zeit für alle acht Linien.

✖ Wiederholt die Übung später mehrfach. Wie könnt ihr euch steigern?

✖ Zeichnet eigene Parcours, und tauscht sie untereinander aus. Je mehr Linien sich kreuzen, desto schwieriger die Aufgabe.

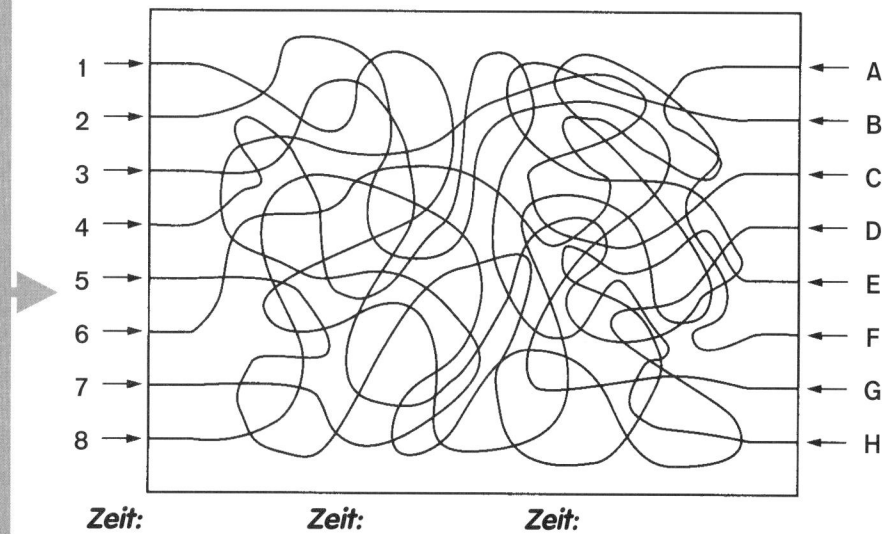

© Verlag an der Ruhr, Postfach 10 22 51, 45422 Mülheim an der Ruhr, www.verlagruhr.de, ISBN 978-3-86072-201-5

Äußerst eckige Slalomläufe haben die Trainer auf diesem Hang ausgesteckt. Jede Zickzack-Spur hat bei Start und Ziel die gleiche Zahl.

✖ Verfolge allein mit den Augen alle Linien auf der Piste links, dann trainierst du in der Mitte und am Schluss rechts.

Partnerarbeit:

✖ Messt eure Zeiten pro Piste.

✖ Welche Bestzeit erreichst du für alle drei Pisten? Versuche es an verschiedenen Tagen.

Datum und Zeit:

Datum und Zeit:

Datum und Zeit:

✖ Zeichnet füreinander eigene Zickzack-Pisten. Je mehr Kreuzungslinien, desto schwieriger wird die Aufgabe.

Auf diesem „Riesen"-Hang haben sich Könner eingefahren. Zu jeder Spur siehst du bei Start und Ziel eine bestimmte Zahl.

✖ Verfolge allein mit den Augen alle Linien auf der Piste links, dann trainierst du in der Mitte und am Schluss rechts.

Partnerarbeit:

✖ Messt eure Zeiten pro Piste.

✖ Welche Bestzeit erreichst du für alle drei Pisten? Versucht's an verschiedenen Tagen:

Datum und Zeit:

Datum und Zeit:

Datum und Zeit:

✖ Zeichnet füreinander eigene Riesen-Slaloms. Je mehr Kreuzungslinien, desto schwieriger wird die Aufgabe.

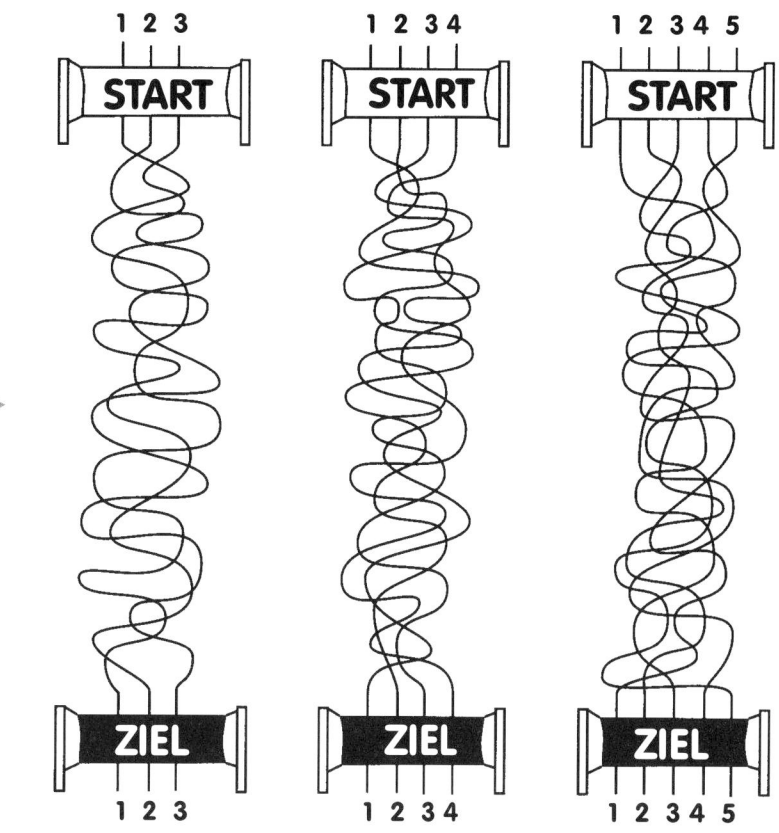

© Verlag an der Ruhr, Postfach 10 22 51, 45422 Mülheim an der Ruhr, www.verlagruhr.de, ISBN 978-3-86072-201-5

✖ Verfolge mit den Augen zügig alle Linien. Welcher Buchstabe gehört zu welcher Zahl?

✖ Drücke bei jedem Kreuz blitzschnell die Augen zu, und fahre dann, genau von diesem Punkt aus, sofort weiter bis zum Ende der Linien.

✖ Wie rasch geht's rückwärts?

✖ Wiederhole die Übung später. Wirst du schneller?

Partnerarbeit:

✖ Macht je drei Durchgänge auf Zeit mit Augen-Stop.

✖ Zeichnet füreinander eigene Stop-and-go-Spiele.

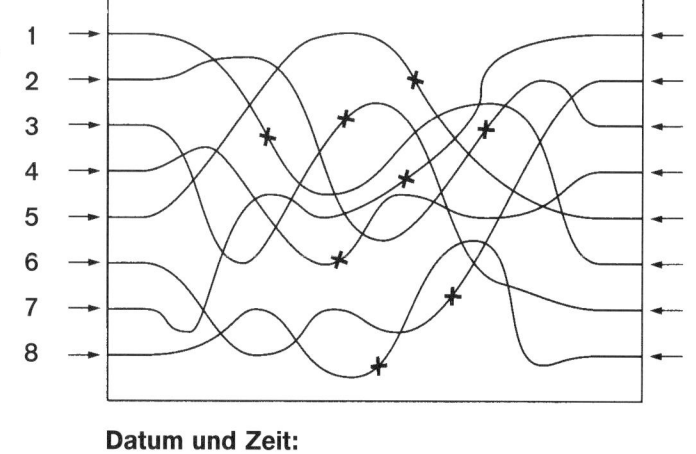

Datum und Zeit:

Datum und Zeit:

Datum und Zeit:

✖ Hüpfe von A bis Z mit den Augen so schnell wie möglich von Zeichen zu Zeichen den Linien nach.

✖ Und jetzt rückwärts von Z zu A.

✖ Kannst du deine Zeit für fünf Durchgänge noch etwas steigern?

Partnerarbeit:

✖ Wie lange braucht ihr fünfmal von A bis Z und zurück? Nicht schummeln, bitte …

✖ Erfindet füreinander eigene Übungen.

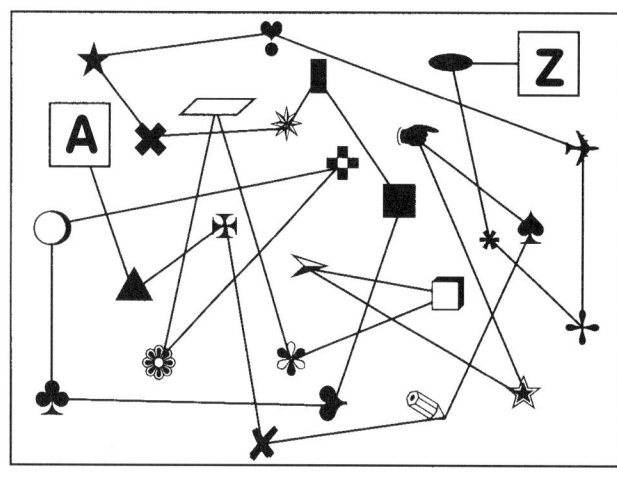

Zeit: **Zeit:**   **Zeit:**

✖ Folge allein mit den Augen allen Linien, die vom nebenstehenden Lösungsfeld ausgehen.

✖ Trage die gefundenen Buchstaben jeweils im Feld ein, wo du gestartet bist.

✖ Wie heißt das Lösungswort?

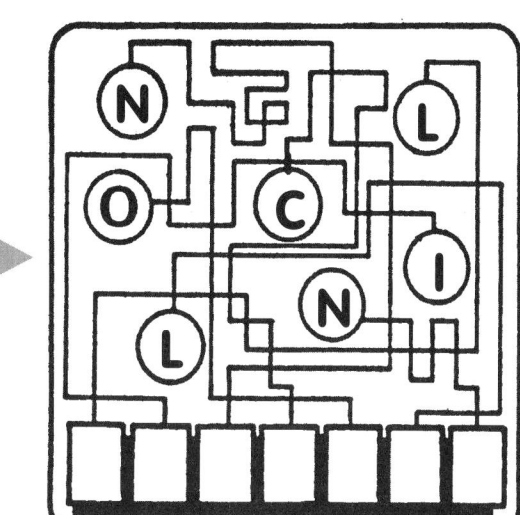

Die Dollarnote trägt sein Bild. 1861 wurde er zum 16. Präsidenten der USA gewählt. Er kämpfte für die Abschaffung der Sklaverei, was zum Bürgerkrieg zwischen den Nordstaaten und den Südstaaten führte. 1865 wurde er im Amt ermordet.

© Verlag an der Ruhr, Postfach 10 22 51, 45422 Mülheim an der Ruhr, www.verlagruhr.de, ISBN 978-3-86072-201-5

Wer lange liest, dessen Augen leisten Präzisions-
arbeit: Pausenlos und in blitzschnellen Sprüngen
hüpfen sie auf der Linie von links nach rechts und
von Zeile zu Zeile. Kein Wunder, dass sie bei dieser
immer gleichen Bewegung gelegentlich ermüden.
So kannst du sie gezielt entspannen und ihnen
Erholung gönnen:

✖ Betrachte in raschem Wechsel Dinge, die ver-
schieden weit von dir entfernt sind: z.B. deinen
Handrücken, das Fensterbrett, das Dach gegenüber, einen bestimmten Punkt am Horizont.
Springe mit dem Blick mehrfach zwischen
diesen Dingen hin und her.

✖ Stell dir an der Wand das Zifferblatt einer riesi-
gen Uhr vor. Kreise mit dem Blick wie ein Sekundenzeiger den Strichmarken dieser Uhr entlang,
regelmäßig rundherum (mindestens dreimal).

✖ **Zeichnung rechts:** Stütze deinen Kopf in die
Hände. Lasse den Blick ohne Hast von Punkt zu
Punkt gleiten, in Pfeilrichtung abwärts und auf-
wärts.

✖ **Zeichnung unten:** Folge den Pfeilen ohne Hast
von Kreis zu Kreis bis ans Ende. Wiederhole
diesen Weg mehrfach, auch in umgekehrter
Richtung.

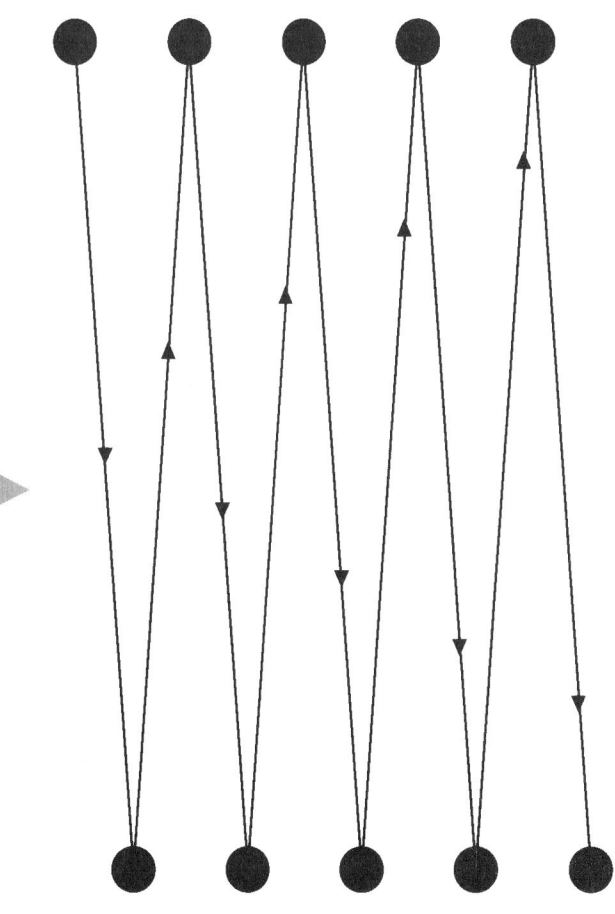

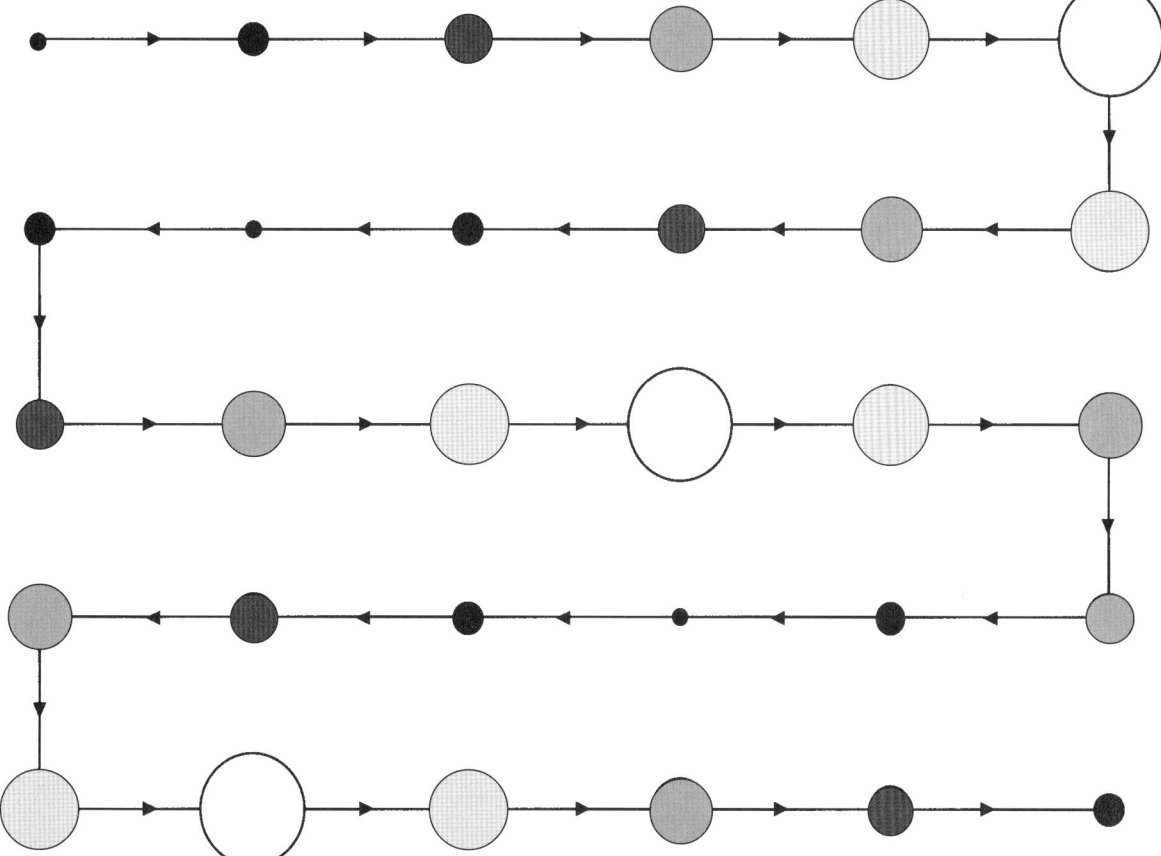

© Verlag an der Ruhr, Postfach 10 22 51, 45422 Mülheim an der Ruhr, www.verlagruhr.de, ISBN 978-3-86072-201-5

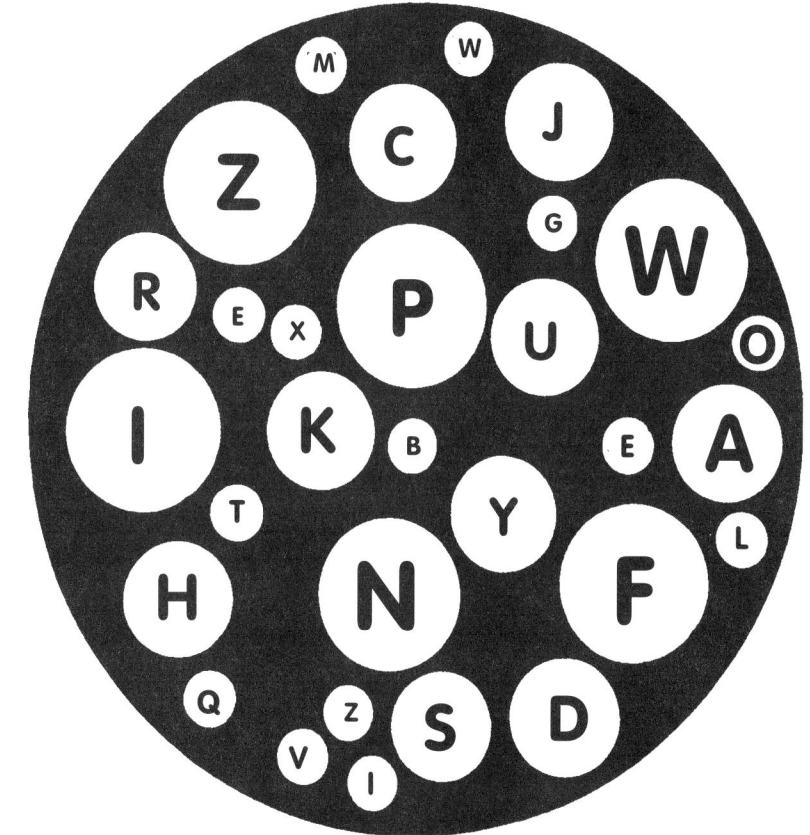

Von A bis Z und retour

In diesen 25 Feldern steht das ganze Alphabet von A bis Z (ohne J). Jeder Buchstabe lässt sich mit einer zweistelligen Zahl verschlüsseln. Wie diese Geheimschrift funktioniert, zeigt dir das Beispielwort „Ich".

I = 24   (I in der 2. Zeile an 4. Stelle)
C = 13   (C in der 1. Zeile an 3. Stelle)
H = 23   (H in der 2. Zeile an 3. Stelle).

Die erste Ziffer gibt also die Zeile an, die zweite die richtige Stelle in der Zeile.
Die Wortenden kannst du mit einem Schrägstrich markieren: 24–13–23/.

✖ Entschlüssle bitte folgende Zahlenreihe:
14–11–43/ 24–43–44/ 31–15–24–13–23–44.

Partnerarbeiten:

✖ Schreibt einander eigene Zahlenbotschaften, und tauscht sie aus.

✖ A und B notieren je 10 schwierige Wörter im Zahlencode und entschlüsseln gegenseitig die ausgetauschten Listen.

✖ A nennt B ein Wort. B buchstabiert es mündlich im Zahlencode. A kontrolliert. Rollentausch.

✖ Welche Partei entschlüsselt eine längere Zahlenbotschaft am schnellsten (Teamwork)?

✖ Als Profis könnt ihr einander sogar stumm Nachrichten senden, wenn ihr die Finger zu Hilfe nehmt.

	1	2	3	4	5
1	A	B	C	D	E
2	F	G	H	I	K
3	L	M	N	O	P
4	Q	R	S	T	U
5	V	W	X	Y	Z

✖ Tippe im Kreis mit dem Finger zügig auf alle Buchstaben von A bis Z.

✖ Wiederhole die Übung an verschiedenen Tagen, bis du deutlich schneller wirst.

✖ Schaffst du es auch rückwärts, von Z bis A?

✖ Vier verschiedene Buchstaben kommen doppelt vor. Wenn du sie richtig zusammenfügst, entsteht ein Lösungswort. Wie heißt es?

Partnerarbeit:

✖ A zeigt auf einen Buchstaben. B tippt auf die beiden benachbarten Buchstaben, die im Alphabet direkt davor- und dahinterstehen.

© Verlag an der Ruhr, Postfach 10 22 51, 45422 Mülheim an der Ruhr, www.verlagruhr.de, ISBN 978-3-86072-201-5

Still: gleich oder ungleich

Finde in den Kolonnen rechts möglichst rasch alle ungleichen Zwillinge (mit Filzstift auf Folie). Schau stets in die Mitte der Paare, und springe zügig nach unten.

✖ Miss deine Zeit, und markiere alle ungleichen Paare auf dem Mäppchen.

Partnerarbeit:

✖ A führt Buch und misst die Zeit; B meldet ihm laufend jedes ungleiche Paar mit „JA".

Kontrolle: 14 Paare sind ungleich. Hast du so viel?

317	961	asy	dcx	jcu	AYX	QTZ	PJG	Xxy	GtB
317	961	asy	dxx	jcu	AYX	QTZ	PJG	Xxy	GtB
516	341	ass	fhx	äpj	QYT	SDZ	PKH	XCv	Stg
516	341	ass	fhx	äpj	QVT	SDZ	PKH	XCv	Stg
236	642	ghs	tfy	üju	BYS	SEÜ	MKW	LIP	dSg
236	642	ghz	tfy	üjü	BYS	SEÜ	MKW	LIP	dSg
889	653	ihy	vfv	öäu	WYN	ÄEÜ	MQI	kBP	dSg
889	655	ihy	vfv	öäu	WYN	ÄEÜ	MQI	kBP	dSg
204	873	ilk	wfj	öäü	WUN	RER	LOP	dBp	SsF
294	873	ilx	nfj	öäü	WVN	RER	LOP	dBp	SsF
606	777	plf	mhj	uio	AQS	OLK	IKX	aBc	ssJ
606	777	plf	mhj	uio	AQS	OIK	IKX	aBc	ssJ
036	572	frb	qcz	nhv	XSQ	IKB	RRZ	aqt	MpJ
036	572	frp	qcs	nhv	XSQ	IKB	PRZ	apt	MpJ

Finde in den Kolonnen rechts möglichst rasch alle ungleichen Zwillinge (mit Filzstift auf Folie). Schau stets in die Mitte der Paare, und springe zügig nach unten.

✖ Miss deine Zeit, und markiere alle ungleichen Paare auf dem Mäppchen.

Partnerarbeit:

✖ A führt Buch und misst die Zeit; B meldet ihm laufend jedes ungleiche Paar mit „JA".

Kontrolle: 16 Paare sind ungleich. Hast du so viel?

4716	3418	aoop	fhhy	jäpj	QVYT	SDMZ	LLKH	Xstg
4716	3448	aoop	fhhy	jäpj	QVYT	SDMZ	LLKH	Xstg
8259	0931	iyhy	vfgv	özäo	WASY	LELÜ	MRQI	kBSg
8259	0931	iyhy	vvgv	öcäo	WASY	LELÜ	MRQI	kBSg
6035	1582	drkb	qctz	ihov	TSK	KBGE	ROZT	uapJ
6035	1582	drkb	qctz	ihof	TSG	KBGE	ROZT	uapJ
5606	7898	pldb	mnvj	jüio	ASYS	YOLK	IKPX	BcsJ
5606	7898	pldd	mnvj	iüio	ASSS	YOLK	IKPX	BcsJ
3117	4961	awsy	dcxh	jctu	AZTX	QPIU	DGJG	XGtB
3117	4991	amsy	dcxh	jctu	AZTK	QPIU	DGJG	XGtB
2043	8173	nilk	mwfj	ökcü	WUAN	RGXR	LÖOP	BpsF
2073	8178	nilk	mwfj	ökcü	WUAN	RGXR	LÖOP	BpsF
3917	9261	asxy	dvnx	jcuk	AQXI	KCTZ	PJBG	XGtd
3917	9261	asxi	dvnx	jcuk	AQXI	KCTZ	BJBG	XGtd

Finde in den Kolonnen rechts möglichst rasch alle ungleichen Zwillinge (mit Filzstift auf Folie). Schau stets in die Mitte der Paare, und springe zügig nach unten.

✖ Miss deine Zeit, und markiere alle ungleichen Paare auf dem Mäppchen.

Partnerarbeit:

✖ A führt Buch und misst die Zeit; B meldet ihm laufend jedes ungleiche Paar mit „JA".

Kontrolle: 10 Paare sind ungleich. Hast du so viel?

03672	frbqc	nhvwr	KXSCQ	KBRRZ	qtMpJ	oKljo
03672	frbpc	nhvwr	KXSCQ	KBRRZ	qtMpJ	oKljo
25643	nilfj	ökrcü	WUWAN	RGKOP	BdpsF	GUapJ
25643	nilfj	öktcü	WUMAN	RGKOP	BdpsF	GuapJ
60777	pljui	AIKIX	WSWAR	WQKMN	aBcsJ	xyAPJ
60777	pljui	AIKIX	WSWAR	WQKMN	aBcsJ	xyAPJ
03572	fbqcz	VXSQE	INMKB	RVRWZ	aäqtJ	RZqtL
03572	fbqcz	VXSQE	INMKB	RBRWZ	aäqtJ	RZqtL
22073	lkwfj	ölpük	WMPNR	LOSAP	dBpSF	kBSUM
22073	lkwfj	ölpök	WMPNR	LOSAP	dBpSF	kBSUM
55341	asfhj	kjkuz	QYDZK	XCYAQ	WvStg	mMpmg
55341	asfhj	kjkuz	QYDZK	XCYAQ	WvStp	mMpmg
39767	ztudg	FIKIG	MSWNP	FQLMZ	TBcsJ	nMOIm
39167	ztvdg	FIKIG	MSWNP	FOLMZ	TBcsJ	nMOIm

© Verlag an der Ruhr, Postfach 10 22 51, 45422 Mülheim an der Ruhr, www.verlagruhr.de, ISBN 978-3-86072-201-5

Laut: gleich oder ungleich

Diese Wortlisten enthalten viele ähnlich klingende Wörter.

✖ Übe jede Kolonne laut, und sprich dabei ganz deutlich.

✖ Nimm dich auf Tonband auf, und lies beim Abhören still mit. Markiere jene Wörter, bei denen du noch Mühe hast.

Test mit Tonband und Zeitmessung:

✖ Stoppe deine Lesezeit für alle Wortlisten zusammen. Notiere anhand der Tonbandkontrolle auch die Fehlerzahl.

✖ Wiederhole den Test nach einer Übungsphase: Wie steigerst du dich?

Wurm	stramm	Luder	Fuder	beim
Sturm	Strom	Wedel	leider	Bein
Stern	Sturm	edel	Lieder	Biene
streng	Strumpf	Nadel	lieber	Miene
Brett	Erbe	Nagel	Leber	meine
Bett	Erde	Suche	Lader	Miete
Leid	Rede	Buche	Laden	Meile
Lied	Rebe	Bauch	Loden	locken
litt	Furcht	Brauch	Leder	bocken
Ritt	Frucht	Strauch	weder	backen
Ried	Vater	Strunk	Feder	Zacken
Wald	Kater	Prunk	Faden	Zicken
bald	Krater	Pranke	Vater	Zecken
Bach	Kreter	Kranke	Vetter	stecken
Dach	zetern	Pauke	Retter	strecken

Flucht	oben	Wogen	finden	straff
Sucht	eben	Wagen	Finten	scharf
sacht	leben	wegen	Kanten	Schorf
Sache	lieben	weder	Tanten	schroff
Säcke	leiden	Zeder	Lauten	Sorgen
Fräcke	leider	Zauber	Bauten	Morgen
Röcke	leiser	Räuber	Banden	Magen
Röhre	Reise	rauchen	landen	Marder
raunen	Kreise	riechen	Länder	mogeln
staunen	Krise	reichen	Ständer	Schnur
starren	Brise	kriechen	Strände	Schuh
Stare	Brause	Kreiden	Stürme	Scheu
stören	Traube	streichen	Türme	Stroh
betören	Taube	Reihe	Würmer	froh
grölen	Laube	schreien	Stürmer	forsch

© Verlag an der Ruhr, Postfach 10 22 51, 45422 Mülheim an der Ruhr, www.verlagruhr.de, ISBN 978-3-86072-201-5

Für dieses Spiel brauchst du einen Würfel. Du kannst allein oder zu zweit spielen.

✖ Würfle und schreibe aus dem linken Stern das entsprechende Wort heraus. Der zweite Wurf ergibt ein Wort vom rechten Stern.

✖ Verbinde die gewürfelten Wörter. Gibt es diesen Beruf? Was stellst du dir darunter vor?

✖ Ersetze den zweiten Wortteil durch die weibliche Form. Gibt es diesen Beruf?

Berufe

Erster Wurf:

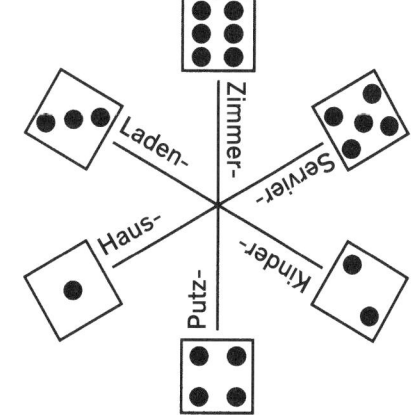

Laden- · Zimmer- · Servier- · Kinder- · Putz- · Haus-

Zweiter Wurf:

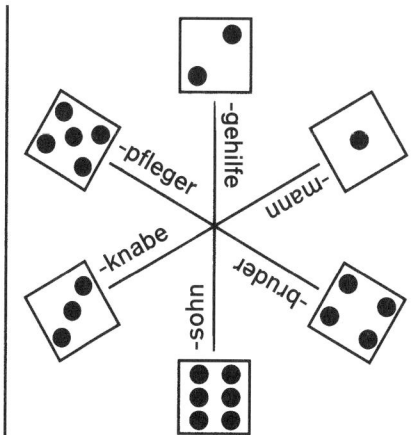

-pfleger · -gehilfe · -mann · -knabe · -bruder · -sohn

Dieses Grammofon hat Sammlerwert, aber es hat auch einen Fehler: Es verzerrt die Wortmusik, die darauf abgespielt wird. Die Nadel bringt die Endtöne durcheinander.

✖ Wie müssen die zwölf Fremdwörter richtig heißen? Schreibe die berichtigten Wörter heraus.

So prüfst du, ob es stimmt:

✖ Streiche im Kasten die Endungen ab, die in den Wörtern vorkommen. Es bleibt keine Endung übrig. (L)

Misstöne

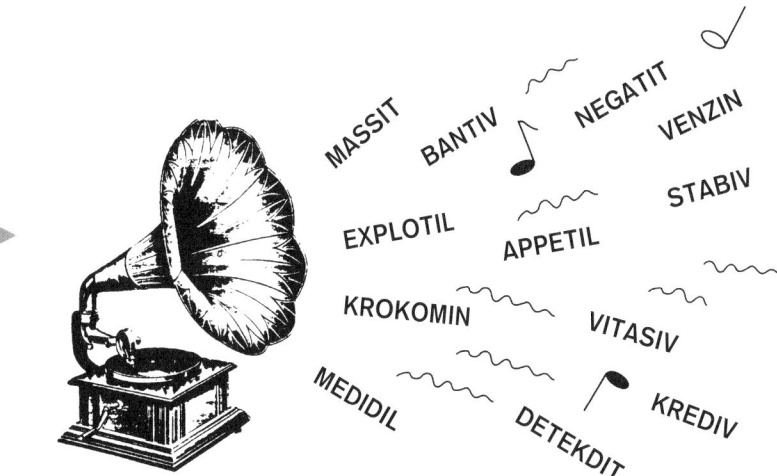

MASSIT · BANTIV · NEGATIT · VENZIN · EXPLOTIL · APPETIL · STABIV · KROKOMIN · VITASIV · MEDIDIL · DETEKDIT · KREDIV

Auch Wörtern kannst du etwas hinzufügen oder wegnehmen, z.B.:

ESSEN + FR = FRESSEN
BRAND - B = RAND
WARTEN - A + E = WERTEN

✖ Löse die nebenstehende „Rechnung", und notiere alle Zwischenergebnisse.

✖ Erfindet eigene Wortrechnungen, und tauscht sie aus.

✖ Zerlege diese zusammengesetzten Witzwörter, und schreibe alle sinnvollen Bestandteile auf.

Wortrechnung

Du   fliegst
- f   = _____   - ie + ü = _____
+ pf   = _____   - ü + e = _____
- pf   = _____   - l + f = _____
- f + r = _____   - e + a = _____
+ f   = _____   - f + s = _____

Witzwörter

Giftzahnarztkongress _____

Tränensackgassensprache _____

Blitzschlagzeughaus _____

Aktennotizblattlausbub _____

© Verlag an der Ruhr, Postfach 10 22 51, 45422 Mülheim an der Ruhr, www.verlagruhr.de, ISBN 978-3-86072-201-5

In vielen Wörtern kommen immer wieder die gleichen Buchstabenfolgen vor. Es lohnt sich, diese Signalgruppen zu kennen.

Partnerarbeiten mit Rollentausch:

✖ A liest kreuz und quer Wörter aus den Feldern **ick** und **eck** vor. B liest still mit, indem er mit den Augen das gehörte Wort sucht.

✖ Trainiert nach dem gleichen Verfahren im großen Feld mit **ick, eck, ack**.

✖ Schreibt eigene Wörter als Leseparcours auf, zum Beispiel Wörter mit **itz, etz, atz, otz, utz** oder solche mit der Signalgruppe **imm, emm, amm, omm, umm**. Wenn ihr verschiedene Gruppen mischt, verwendet bitte für jede eine andere Farbe.

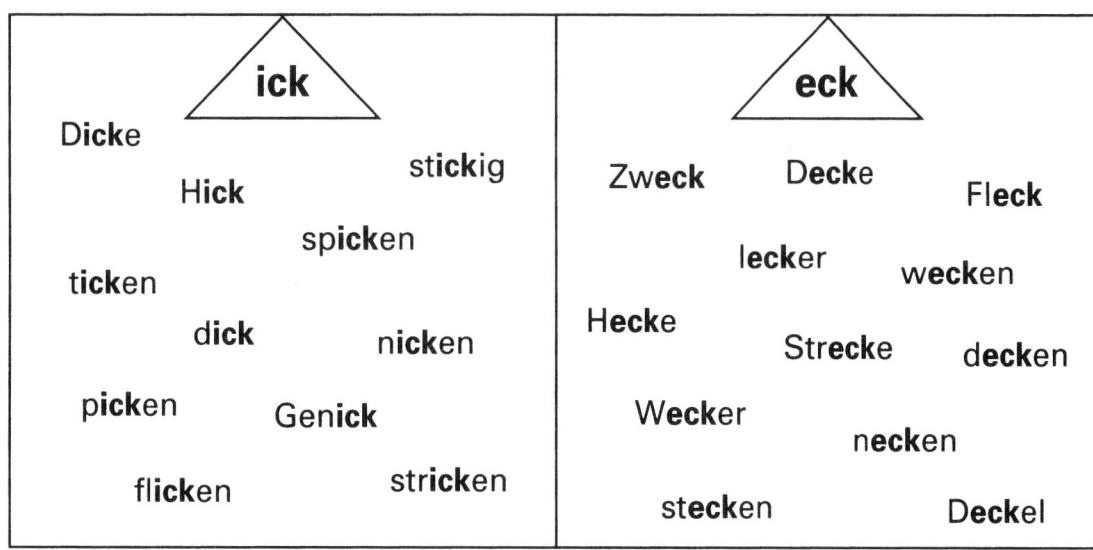

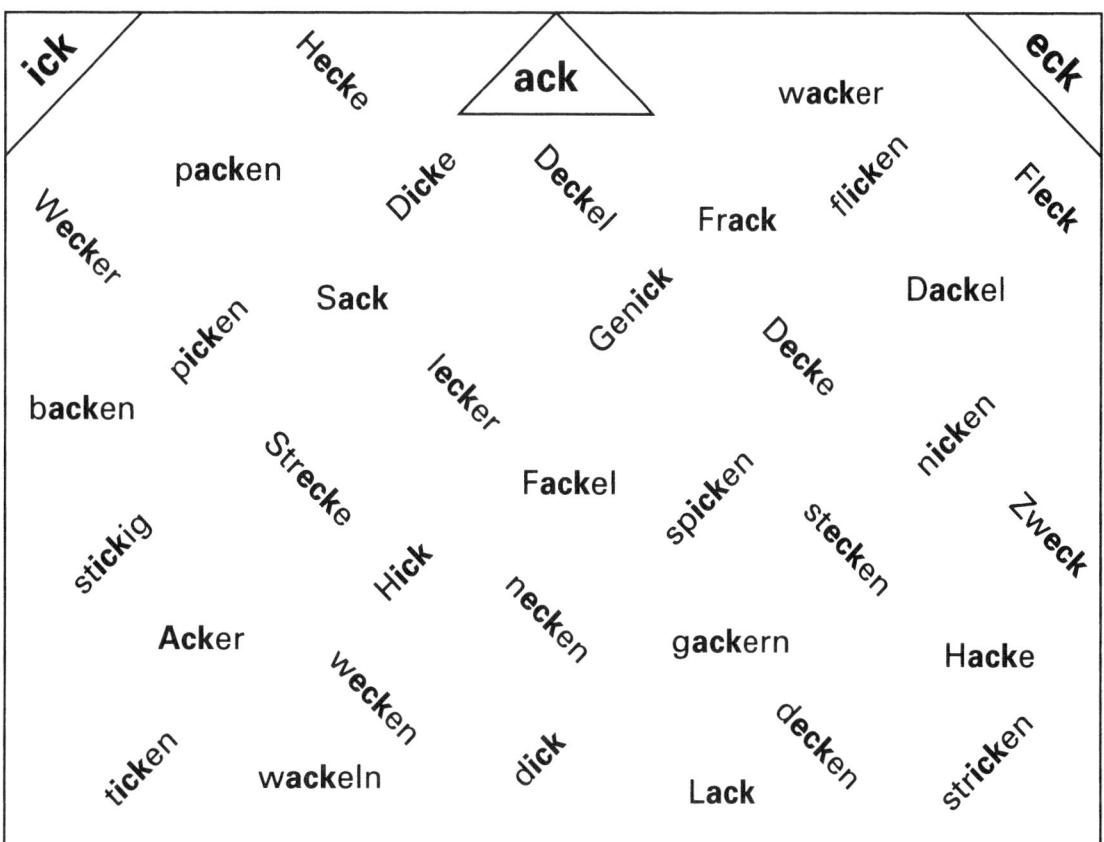

© Verlag an der Ruhr, Posthach 10 22 51, 45422 Mülheim an der Ruhr, www.verlagruhr.de, ISBN 978-3-86072-201-5

In allen vier Beispielen wurde fast die Hälfte des Schriftbildes weggelassen, aber je an einem anderen Ort. Die Werbeleute erschwerten so die Lesbarkeit der Texte absichtlich, damit sie als Blickfang unter normalen Inseraten auffallen.

Partnerarbeit:

✖ Erlest alle vier Texte, und schreibt sie auf.

✖ Welches Beispiel konntet ihr leicht lesen? Welche Weglassung störte euch am meisten?

✖ Experimentiert mit weiteren Texten (z.B. aus Zeitungen): Deckt mit einem Blatt oder mit Tipp-Ex Teile des Schriftbildes ab, und prüft, wie sich dies auf die Lesbarkeit auswirkt.

Die Buchstaben unserer Schrift sind waagerecht deutlicher geformt als in der Senkrechten.
Am meisten Information steckt im Unterschied zwischen den Ober- und Mittellängen der Wörter. Schaue deshalb beim Lesen stets auf die obere Hälfte der Wörter und nicht auf die Fußlinie der Zeilen.

© Verlag an der Ruhr, Postfach 10 22 51, 45422 Mülheim an der Ruhr, www.verlagruhr.de, ISBN 978-3-86072-201-5

Dank
doppelter
Erfahrung
fällt schwere
Probleme

Lesen
ist gratis
aber
national
und sonst.

Damit Ihre zweite
Säule eine ganze
Sache wird
brauchen Sie nicht
zwei aber die
Erfahrung von zwei
Versicherungs-
gesellschaften

Wenn das Ganze
Wurst ist,
der geht damit
entsprechend um.
Er schneidet seine
Scheibchen ab,
bis nichts mehr
übrig bleibt.

✖ Zerschneidet die untenstehenden Absätze in Streifen. Bildet kleine Gruppen, und entziffert die verrückten Schriften.

Welche Gruppe ist zuerst fertig? Setzt die Geschichte zusammen. Diese Geschichte eignet sich auch als Partnerdiktat.

Eine Stunde Angst

12.00 Uhr

Es war Mittag. Wie immer wollte ich zum Essen gehen. Eigentlich war es ein Tag wie jeder andere. Ich ging den Weg, den ich immer zum Essen nehme. Doch auf einmal war alles anders als sonst. Ich stand in einem Gang. Wenn ich ihn beschreiben müsste, würde ich den Vergleich mit einem abgemähten Kornfeld wählen, auf dem in der Mitte nur noch ein Strohhalm steht. Der Strohhalm, der war ich. Von dem Gang zweigten viele andere Gänge ab, wie in einem Labyrinth. Ab und zu waren auch Türen in den Gängen.

12.20 Uhr

Ich lief schon eine ganze Weile durch die Gänge, öffnete die eine oder andere Tür, aber einen Ausgang fand ich nicht. Als ich gerade wieder mal eine Tür geöffnet hatte, erschrak ich fast zu Tode, als ich hineinsah. Da war ein riesiges, schwarzes Untier, es war vielleicht 40 - 50 Mal größer als ich. Es hatte vier lange Beine, an deren Enden scharfe Krallen waren, einen langen gebogenen Schwanz und ein riesiges Maul mit langen weißen Zähnen.

12.32 Uhr

Natürlich hielt es auch Augen, mit denen mich das Untier ebenfalls sah. Ich schloss die Tür, so schnell ich konnte. Hinter mir. Mein Herz raste, ich hatte Angst vor dem Untier. Plötzlich hatte das Untier aus einem Seitengang auf. Wie ist es nur aus dem anderen Gang hierher gekommen? Das war mir egal, ich rannte in einen anderen.

12.45 Uhr

Um Haaresbreite entkam ich dem Untier hinter der gleichen Tür, wo ich es zuvor entdeckt hatte. Aber das Untier konnte jederzeit wieder auftauchen und da war es auch schon wieder. Ich rannte durch die Gänge, das Untier immer hinter mir. Da, eine Tür geschnappt! Ich war völlig außer Atem, die Füße taten mir weh, und Hunger hatte ich auch, aber ich musste weiter. Um dem Untier zu entkommen, musste ich den Ausgang finden. Also rannte ich weiter. Von Gang zu Gang, von Tür zu Tür, aber einen Ausgang fand ich nicht.

© Verlag an der Ruhr, Postfach 10 22 51, 45422 Mülheim an der Ruhr, www.verlagruhr.de, ISBN 978-3-86072-201-5

12.55 Uhr

Total erschöpft vom Laufen, musste ich wieder einmal verschnau-
en. Da, ein Schatten an der Wand, das Untier! Jetzt überschlugen
sich die Ereignisse.

12.57 Uhr   Ich versuchte, mit meiner letzten Kraft an eine Tür zu kommen.

12.58 Uhr   Geschafft! Ich habe eine Tür erreicht.

12.59 Uhr   Ich versuche, die Tür zu öffnen. "Oh, verdammt, sie ist verschlossen."
Da, das Untier, jetzt ist alles aus!

13.00 Uhr   Das Computerspiel «Katze und Maus» ist aus und ich habe meine
Mittagspause wieder einmal um eine halbe Stunde überzogen.

© Verlag an der Ruhr, Postfach 10 22 51, 45422 Mülheim an der Ruhr, www.verlagruhr.de, ISBN 978-3-86072-201-5

Wenn deine Augen unbeweglich wären, könntest du nicht normal lesen. Weißt du, wie sie sich beim stillen Lesen bewegen?
Zeige mit dem Finger, wie du dir das vorstellst. Ihr seid euch nicht einig? Also testet euch zu zweit.

✖ Setzt euch gegenüber wie Sally und Charly Brown im Bild. A beobachtet nun ganz genau,

wie sich die Augen von B beim stillen Lesen tatsächlich bewegen. B soll den Text unten so lesen, wie er es gewohnt ist.

✖ Tauscht eure Beobachtungen aus, und wechselt die Rollen.

Neue Broschüre

Der Werbespruch „Reise durch Europa – Raste in der Schweiz" gilt nicht nur für Touristen.
Auch Zugvögel sollten auf ihrem langen Weg in den Süden bei uns Station machen können. Voraussetzung ist, dass wir ihre natürlichen Rastplätze nicht endgültig zerstören. Besonders schwer haben es die Watvögel, welche im ho-

hen Norden brüten und auf dem Weg durch die Schweiz an Feuchtgebieten rasten, um sich für den Weiterflug zu stärken. Seichte Ufer mit schlammigen Buchten bieten dem Alpenstrandläufer Nahrung.
Bekassine und Kiebitze fressen und ruhen auf nassen Wiesen und überschwemmten Äckern.

Sicher habt ihr deutlich den großen Sprung der Augen auf die neue Zeile gesehen. Aber auch innerhalb der Zeilen springen die Augen in ruckartigen Bewegungen blitzschnell von Stopp zu Stopp.

✖ Wie viele Haltepunkte stellt ihr beim Partner fest?

Merke:
Das menschliche Auge sieht nur scharf, während es stillsteht. Der Halt muss mindestens 10 Hundertstel-Sekunden dauern. Während der Sprungbewegung von Stopp zu Stopp wird alles unscharf, wie bei einem Kameraschwenk.

© Verlag an der Ruhr, Postfach 10 22 51, 45422 Mülheim an der Ruhr, www.verlagruhr.de, ISBN 978-3-86072-201-5

Auf einen Blick II

Lesen ist wie Zug fahren: Rasch, sicher und bequem erreichst du das Fahrziel nur, wenn du an möglichst wenigen Stationen im Text anhalten musst.

▼

Leseprofis sind Passagiere im Intercity:

Sie halten beim Lesen / nur ganz kurz und selten an. / Sie erfassen in einer Zeile / auch große Wortgruppen und Teilsätze / sicher auf einen Blick. / Mit Riesensprüngen der Augen / gelangen sie rasch ans Ziel.

Durchschnittliche Leser reisen im Regionalzug:

Sie erfassen / beim Lesen / nur wenige Wörter / auf einen Blick. / Sie müssen / innerhalb einer Zeile / häufiger anhalten. / Das kostet Zeit, / und die Fahrt / wird / auf längeren Strecken / ermüdend.

Schwächere Leser fahren Kurz-Strecken:

Sie / lesen / mühsam / Wort / für Wort / und halten / mit den / Augen an / vielen Stati / onen / an. / Im / Stop- / und go- / Verkehr / verlieren sie / leicht / den Sinn / ihrer Fahrt / aus den / Augen.

Leseanfänger lernen gehen:

Sie / fü / gen / müh / sam / klei / ne / Buch / staben / grupp / en zusamm / en. Ihre / Lese / schritte / sind / so / klein, / dass / sie / oft / stol / pern / und / kaum / auf / An / hieb / ver / steh / en, / was / sie / lesen.

© Verlag an der Ruhr, Postfach 10 22 51, 45422 Mülheim an der Ruhr, www.verlagruhr.de, ISBN 978-3-86072-201-5

(Mach's wie Dagobert: Er sieht die Milliarde auf einen Blick.)

Blitzen mit Weitblick

Die „Blitz"-Technik hilft dir, mit einem einzigen Augenstopp immer breitere Textstücke und Wörter turboschnell zu lesen. Halte dich genau an die Bilderreihe und die Erklärungen dazu. Am besten zeigt euch zuerst die Lehrerin oder der Lehrer am OH-Projektor, wie man korrekt blitzt.

2

Konzentriere dich jetzt auf die Mittelachse des Textes (Pfeil). Ziehe die Finger ruckartig so an, dass die Folgezeile für 2/10 Sekunden sichtbar wird, keinesfalls länger. Dein Auge darf nur einmal schauen, genau in der Mitte.

1

Verdecke mit einer Spielkarte oder starkem Papier sofort alle Zeilen, die du blitzen willst. Die Fingerspitzen liegen locker auf. Dein Unterarm drückt leicht aufs Übungsblatt.

3

Strecke die Finger blitzartig wieder, und verdecke so die geblitzte Zeile ganz. Was hast du gelesen? Kontrolliere dich, oder blitze erneut 2/10 Sekunden lang. Blitze so immer weiter, bis du es nicht mehr auf einen Blick schaffst.

Wie breite Zeilen kannst du schon heute auf einen Blick sinnrichtig erfassen? Es lässt sich einfach messen, wie viele Anschläge du schaffst. Du brauchst dazu eine „blitz"-kundige Hilfsperson und darfst den Pyramidentext rechts auf keinen Fall vor eurem Test zu zweit sehen.

✖ Trainiere Worttürme und rechtschreibschwierige Wörter immer wieder mit Blitzen. Schau dabei stets in die Wortmitte!

	8
	10
	11
	12
	15
	14
	19
	21
	24
	23
	26
	30

Blitzen.	8
Ein Spaß!	10
So geht es:	11
Turboschnell	12
Zeile für Zeile	15
hinabrutschen,	14
einige Hundertstel,	19
mit einer Spielkarte,	21
bis du die Zeile siehst.	24
Sofort wieder zudecken.	23
Was habe ich eben gelesen?	26
Decke die Zeile auf, und prüfe.	30

© Verlag an der Ruhr, Postfach 10 22 51, 45422 Mülheim an der Ruhr, www.verlagruhr.de, ISBN 978-3-86072-201-5

START | **START** | **START** | **START**

eilen	Flug	Trab	Feuer
waten	Crew	Stute	Höhle
gehen	Lotse	Hafer	Biwak
laufen	Ticket	Zügel	Wüste
hüpfen	Flügel	Sattel	Pionier
stapfen	Pilotin	misten	Gefahr
trippeln	Abflug	Fohlen	Urwald
stolpern	Funker	Galopp	Himalaya
wandern	Cockpit	Dressur	Notvorrat
humpeln	Landung	ausreiten	überleben
schlurfen	Startbahn	Pferdebox	kampieren
stolzieren	Stewardess	Schimmel	Abenteuer
spazieren	Landebahn	Zaumzeug	Dschungel
schlendern	Höhenruder	Steigbügel	Schlafsack
schleichen	Bodenpersonal	Zirkuspferd	Kochgeschirr

Alu	Heft	Rolle	teilen
Müll	Kurs	Stück	helfen
grün	Fach	Regie	mögen
Ozon	Diktat	Szene	Freund
sauer	Mathe	Bühne	Treffen
Abfall	Pause	Ballett	anrufen
Energie	lernen	Auftritt	Freundin
Leergut	Klasse	proben	begleiten
chlorfrei	Zensur	Kulisse	schenken
sortieren	Prüfung	Applaus	Vertrauen
Kompost	Lehrerin	Vorhang	besuchen
sammeln	Hitzefrei	Kostüme	Geschenk
abbaubar	Wandtafel	darstellen	vertraulich
Grenzwert	Schulbank	Zuschauer	verabreden
Pfandflasche	Stundenplan	Aufführung	Verabredung

(L)

See	Dom	Hit	Ski
Meer	Villa	Lied	Skat
Fluss	Turm	Chor	Halma
Bach	Burg	Flöte	Billard
Teich	Haus	Geige	spielen
Welle	Beton	Orgel	würfeln
Kanal	bauen	Musik	Schach
Regen	Fabrik	Kanon	Fußball
Quelle	Kirche	singen	Handball
fließen	wohnen	Klavier	Streetball
regnen	Baustelle	Gitarre	Marathon
Tümpel	Bungalow	Alphorn	Gameboy
Atlantik	Gefängnis	Schlager	Doppelkopf
tauchen	Wohnblock	Trompete	Kartenspiel
schwimmen	Bauarbeiter	Klarinette	Sportverein

Treppen, Türme, Pyramiden

✖ Blitze (vgl. S. 56) Zeile für Zeile, und schau immer genau in die Mitte.

✖ Lies senkrecht entlang der Mittelachse.

✖ Baue eigene Worttürme!

Lebensläufe

Knabe
Mädchen
Mann Frau
Mann Frau Kind
Mann Frau zwei Kinder
Mann Frau drittes Kind
Berufsfrau Hausmann
Mann Mädchen
Frau Kinder
Heim.

Frühstücksgespräch

„Mama,
kann man
zurückschlafen?"
„Wie meinst du das?"
„Ich stelle mir das so vor:
Ich gehe wieder zu Bett,
schlafe nochmals ein
und wache dann
gestern Abend
auf."

Skilift

Ferien
Pulverschnee
Skilifttalstation
Lange Warteschlangen
Brav hinten eingereiht
Billettautomat
Drehkreuz
Jetzt aber
endlich
weg.

Horror

Alexander
allein zuhause.
Eltern Theaterbesuch.
Mehrfaches Telefonklingeln.
Alexander nimmt den Hörer ab.
„Hallo, wer ist am Apparat?"
Keine Antwort.
Aufhängen.
Wer war's?
Angst.

Traum

Lotto.
Ich gewinne
eine Million Euro.
Die Bank bezahlt sie mir
in lauter Fünfeuroscheinen.

Man

Man müsste
Man müsste doch
Man müsste doch wirklich
Man müsste doch wirklich unbedingt
Man müsste doch wirklich unbedingt einmal
Man müsste doch wirklich unbedingt einmal energisch
Man müsste doch wirklich unbedingt einmal energisch dagegen
Man müsste doch wirklich unbedingt einmal energisch dagegen protestieren!
Mutige Frauen fragen sich: „Wer ist man?"

Morgenstund

Aufstehen, der Wecker klingelt.
Umdrehen, noch 5 Minuten.
Auf, auf, unter die Dusche.
Anziehen und Frühstück.
Zähneputzen, hopp.
Zur Tür hinaus.

Ferien

Platsch, platsch, platsch, platsch,
ich liege warm eingepackt
in meinem Schlafsack.
Am Morgen dann
steht das Zelt
Kopf.

© Verlag an der Ruhr, Postfach 10 22 51, 45422 Mülheim an der Ruhr, www.verlagruhr.de, ISBN 978-3-86072-201-5

Die Texte sind so dargestellt, dass du mit den Augen große Sprünge machen musst.

✘ Lies still, und springe stets von Pfeil zu Pfeil im Viertakt.

✘ Formuliere den Sinn mit eigenen Worten.

✘ Lies mehrfach, bis du beide Sätze auswendig kannst.

Gruppenarbeit:

✘ Kennt ihr auch solche Wortspiele? Schreibt sie als Viertakt auf.

↓	↓	↓	↓
Satz	zum	Wer-	weißen:
Wer	nichts	weiß,	aber
weiß,	dass	er	nichts
weiß,	weiß	viel	mehr
als	der,	der	nichts
weiß,	aber	nicht	weiß,
dass	er	nichts	weiß.
Es	kann	vor-	kommen,
dass	zwei	zusammen-	kommen
und	nicht	aus-	kommen
mit	ihrem	Ein-	kommen,
weil	ihre	Nach-	kommen
viel	zu	früh	kommen.

Hier ist Dreisprung angesagt.

✘ Springe also im Walzertakt von Pfeil zu Pfeil.

✘ Lies mehrfach still, bis du die Wette genau verstehst.

✘ Führe das Experiment aus. Wer gewinnt?

Gruppenarbeit:

✘ Sicher kennt ihr selbst weitere verblüffende Experimente. Schreibt sie als Dreisprungtexte auf.

↓	↓	↓
Ich	wette	mit
dir,	dass	dein
Fuß	am	Boden
kleben	bleibt.	Dreh
dich	mit	der
rechten	Seite	zur
Wand.	Jetzt	drückst
du	deinen	rechten
Fuß	und	deinen
Kopf	ganz	fest
an	die	Wand.
Gelingt	es	dir
den	linken	Fuß
zu	heben?	

✘ Und wer gewinnt hier? Probier die Wette aus. Weißt du, warum es nicht möglich ist?

↓	↓	↓
Ich wette	nochmals	mit dir:
Du schaffst	es nicht,	ein Stück
Blockpapier	in 3 Teile	zu zerreißen.
Falte zuerst	dein Papier	in drei
gleiche Teile.	Bist du	so weit?
Anschließend	öffnest du	es wieder.
Schneide jetzt	die Faltlinien	mit der Schere
bis auf	3 Zentimeter	ein.
Probier nun,	dein Blatt	in 3 Teile
zu zerreißen.	Du darfst	mit den Händen
aber nur	an der oberen	Blattkante
ziehen.	Probier es	ruhig aus.
Du kannst	das Blatt nicht	zerreißen.

© Verlag an der Ruhr, Postfach 10 22 51, 45422 Mülheim an der Ruhr, www.verlagruhr.de, ISBN 978-3-86072-201-5

✖ Schau stets auf die Mitte jeder Zeile, und lies still.

✖ Lies im Dreitakt, und schau auf die Verlängerung der Pfeile.

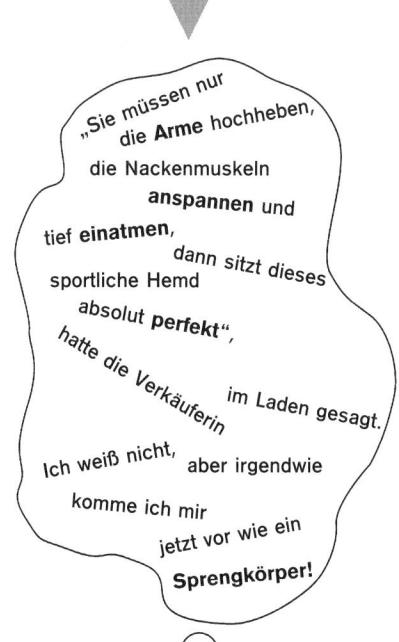

„Sie müssen nur die **Arme** hochheben, die Nackenmuskeln **anspannen** und tief **einatmen**, dann sitzt dieses sportliche Hemd absolut **perfekt**", hatte die Verkäuferin im Laden gesagt. Ich weiß nicht, aber irgendwie komme ich mir jetzt vor wie ein **Sprengkörper!**

⬇	⬇	⬇
FC	im	Angriff.
Breitner	zieht	los,
flankt	zur	Mitte.
Beckenbauer	steht	frei,
stoppt	den	Ball
mit	der	Brust,
spielt	sofort	weiter
zur	Nummer	Sechs.
Hoeneß	zögert	kurz,
Pass	zu	Müller,
Schuss	und	Tooor!

Schnitzer | Ausputzer | Aufbauer
Abpraller | Mauer | Gasse
Aufreißer | Hammer | Drücker
Leder | Lücke | Strafraum
Abstauber | Abtropfer | Annahme
Aufsetzer | Torhüter | Kasten.

Nach dem Schnitzer | des Ausputzers | hebt der Aufbauer
den Abpraller | über die Mauer | in die Gasse.
Der Aufreißer | mit dem Hammer | ist am Drücker,
spielt das Leder | in die Lücke | am Strafraum,
wo der Abstauber | den Abtropfer | gekonnt annimmt
und als Aufsetzer | am Hüter vorbei | im Kasten versenkt.

✖ Verdecke mit deiner Spielkarte die linke Kolonne oben, und blitze jetzt turboschnell die ersten drei Kleinbuchstaben.

✖ Schreibe auf der Leerzeile darüber auf, was du erkannt hast.

✖ Jetzt rückst du nach unten und vergleichst, ob deine Lösung stimmt. (Folie, Stift)

. . .   .

b v a	___	f R t	___	G H B M	___
m d q	___	g Z n	___	T C K Z	___
m k p	___	T g p	___	S W Y U	___
u q b	___	Ö e W	___	A W C J	___
d z k	___	W X g	___	Y Z B S	___
o n h	___	x D T	___	F C G Q	___
p j w	___	t t T	___	T U G K	___
f r s	___	T t T	___	P V O R	___
g m i	___	U q A	___	P N J Z	___

K N H	___	a h g z	___	D z B n	___
G F R	___	v c s o	___	p M u g	___
Z T N	___	x v w f	___	B H j z	___
Ä E Ü	___	i g j h	___	s G T k	___
U C L	___	m b n p	___	Y c Z Q	___
M H F	___	b p d t	___	V v v T	___
Ö V F	___	ö m l ü	___	D F r s	___
P S D B	___	x c w ä	___	H t r i	___
L P D C	___	i q w s	___	Z s C t	___

© Verlag an der Ruhr, Postfach 10 22 51, 45422 Mülheim an der Ruhr, www.verlagruhr.de, ISBN 978-3-86072-201-5

Wenn deine Augen pro Zeile weniger Haltepunkte brauchen, kommst du flüssiger vorwärts.
Die folgenden Texte sind so gesetzt, dass du im Zweitakt lesen kannst.

✖ Springe mit den Augen jeweils genau in der Verlängerung der Pfeile hin und her, und pendle so von Zeile zu Zeile abwärts.

Partnerarbeit:

✖ A liest still; B beobachtet, ob seine Augen pro Zeile tatsächlich nur zweimal anhalten. Rollentausch.

✖ Wer schafft es, sogar den breiten Text „In den Ferien" flüssig im Zweitakt zu lesen?

Mottenschutz

Marion kauft	in der Drogerie
fünf Packungen	Mottenkugeln.
Der Drogist	wundert sich:
„Du brauchst aber	wirklich viele.
Hast du nicht	gestern schon
zehn Packungen	hier gekauft?"
„Ja", sagt Marion	und seufzt:
„Es ist eben	nicht leicht,
die Biester	zu treffen!"

Robinson

Die Jahre	vergehen.
Robinson	will heim
und baut	ein Schiff.
Den Baum	hat er
mühsam	gefällt,
die Krone	abgehauen,
die Höhlung	des Stamms
mit Feuer	erweitert.
Doch fehlt	noch viel.
Noch hat	das Schiff
weder Ruder	noch Segel,
weder Mast	noch Steuer.
Wenn alles	fertig ist,
muss er	das Schiff
auch noch	hinunter
zum Meer	schaffen.
Wie dies	möglich ist,
weiß er	vorläufig
allerdings	noch nicht.
„Ein Mittel	wird sich
wohl schon	finden",
denkt er	und arbeitet
emsig weiter	am Schiff.
Plötzlich	merkt er,
dass er	bis jetzt
die Insel	gar nicht
gründlich	erkundet hat.
„Das will ich	nachholen",
denkt er,	und mutig
bricht er	sofort auf
zu einer	Wanderung
mit Schrecken.	

(Nach "Robinsons Abenteuer" von Albert Steiger, SJW-Heft Nr. 151)

In den Ferien

„Unser Zeltnachbar,	dieser Meierhans,
kann mir den Buckel	runterrutschen!
Die doofen Schnulzen	aus seinem Radio
hängen mir allmählich	zu den Ohren heraus!"
„Ja, bald dreht's mir	den Magen auch um!
Dauernd liegt er	auf der faulen Haut,
und die Platzordnung	nimmt er einfach
auf die leichte	Schulter!"
„Das könnte jedoch	ins Auge gehen!
Den Kropf werd' ich	vor ihm leeren,
bis er schließlich	weiche Knie bekommt!"
„Und wenn dir das Herz	in die Hose fällt,
während du ihm alles	unter die Nase reibst?"
„Mit keiner Wimper	werde ich zucken!"
„Da wird er aber	Stielaugen machen!"
„Wie soll er auch,	der hat doch bloß
ein riesiges Brett	vor dem Kopf!"

(Nach Hans Manz)

© Verlag an der Ruhr, Postfach 10 22 51, 45422 Mülheim an der Ruhr, www.verlagruhr.de, ISBN 978-3-86072-201-5

Ordnung muss sein, auch zu Hause. Manchmal ist es gar nicht so leicht, sich auf Spielregeln zu einigen.

✖ Lies die Texte still. Halte nach jeder Zeile an, und pendle wie ein Metronom.

Partnerarbeit:

✖ A liest still; B beobachtet genau, ob die Augen im Zweitakt springen. Rollenwechsel.

✖ Wie sähe deine ideale Hausordnung aus?

Kinderzimmerordnung

Beim Eintritt ins Zimmer
ein freundliches Gesicht
aufsetzen. Spielzeugtiere
erschrecken, sobald
sie ein böses Gesicht sehen.

Babys und auch Kleinkindern
ist der Zutritt nur erlaubt,
wenn Erwachsene sie begleiten.

Nur ganz leise schimpfen
am Tag, damit der Hamster
nicht unnötig aufwacht.

Rauchen im Kinderzimmer
ist Umweltverschmutzung.

Ich sehe es nicht gern,
wenn jemand ohne mich
mit der Eisenbahn spielt,
wenn jemand ohne Auftrag
den Goldhamster füttert
oder die Schubladen öffnet.

Unbedingt beim Staubsaugen
darauf achten, dass nichts
im Staubsauger verschwindet,
was ich noch brauchen kann.

Meine Unordnung im Zimmer
nicht durcheinanderbringen.
Ich fühle mich wohl darin
und finde sonst nichts mehr.

Tagebuch einer Mutter

Donnerstag, 7. 11.

Heute morgen hat Martina
die volle Parfumflasche
auf den Boden geschüttet.
Ich hätte heulen können.

Beim Frühstück hat sie
mein Feuerzeug in ihre
Kakao-Tasse geworfen.
Tat sie es absichtlich
oder nur aus Versehen?
Ich gab ihr einen Klaps.

In der Küche hat Martina
die Tapete bekritzelt.
Natürlich ärgerte mich
im Moment ihr Werk sehr.
Erst vor drei Monaten
ließen wir die Wohnung
völlig neu tapezieren.

Was soll ich bloß tun?

Tagebuch einer 2-jährigen

Donnerstag 7. 11.

Parfumflasche auf Teppich
gespritzt. Riecht fein.
Mama böse. Haue bekommen.
Parfumflasche verboten.

Feuerzeug in Kakao-Tasse
geworfen. Spritzte schön.
Mama böse. Haue bekommen.
Brüllte los. Wirkte sofort.
Alles nass. Versöhnten uns.
Feuerzeug streng verboten.

In Papas Arbeitszimmer
rote Filzstifte gefunden.
Küchentapete verschönert.
Wurde aber unterbrochen.
Mama böse. Malen verboten.
Nachgedacht. Festgestellt,
dass alles verboten ist.

Wozu ist man auf der Welt?

(Nach Helmut Holthaus)

© Verlag an der Ruhr, Postfach 10 22 51, 45422 Mülheim an der Ruhr, www.verlagruhr.de, ISBN 978-3-86072-201-5

Spalten-Pingpong

Zeitungen und Magazine weisen heute praktisch ausnahmslos schmale Spalten und Blocksatz auf, d.h. auch der rechte Rand der Zeilen ist stets bündig. Jede Zeile hat bloß etwa 25 Anschläge. Es genügt, wenn die Augen zweimal pro Linie anhalten, und auch der Zeilensprung wird angenehm kurz. Du kannst Texte mit Spalten deshalb leichter und rascher lesen als normal gedruckte Bücher.

✖ Lies die kurzen Geschichten still im Zweitakt. Deine Augen halten also auf jeder Linie zweimal an und pendeln hin und her, als ob du einem Pingpong-Match zuschaust.

Partnerarbeit:

✖ A liest still; B beobachtet seine Augensprünge. Liest A im Zweitakt? Tauscht die Rollen.

Amokfahrt

Hier spricht der Tramführer. Wollten Sie schon immer etwas Außergewöhnliches erleben? Heute ist Ihr Tag. Ich habe nämlich einen Entschluss gefasst, der Sie alle betrifft.

Ein Tramführer hat's nicht leicht, müssen Sie wissen. Rücksichtslose Autofahrer, unaufmerksame Fußgänger, nörgelnde Fahrgäste, das alles zehrt an den Nerven.

Ich will Sie nicht langweilen, ich möchte Ihnen nur meinen Entschluss verständlich machen, meinen Entschluss zu einer Amokfahrt. Tut mir leid, dass es Sie trifft.

Halten Sie sich fest, es geht los. Yuppiii ...

(Max Wey)

Der Hammer

Ein Mann will ein Bild aufhängen. Den Nagel hat er, nicht aber den Hammer. Der Nachbar hat einen. Also beschließt unser Mann, hinüberzugehen und ihn auszuborgen. Doch da kommt ihm ein Zweifel: Was, wenn der Nachbar mir den Hammer nicht leihen will? Gestern schon grüßte er mich nur so flüchtig. Vielleicht war er in Eile. Aber vielleicht war die Eile nur vorgeschützt und er hat etwas gegen mich. Und was? Ich habe ihm nichts angetan; der bildet sich da etwas ein. Wenn jemand von mir ein Werkzeug borgen wollte, ich gäbe es ihm sofort. Und warum er nicht? Wie kann man einem Mitmenschen einen so einfachen Gefallen abschlagen? Leute wie dieser Kerl vergiften einem das Leben. Und dann bildet er sich noch ein, ich sei auf ihn angewiesen. Bloß weil er einen Hammer hat. Jetzt reicht's mir wirklich. – Und so stürmt er hinüber, läutet, der Nachbar öffnet, doch bevor er „Guten Tag" sagen kann, schreit ihn unser Mann an: „Behalten Sie Ihren Hammer, Sie Rüpel!"

(Paul Watzlawick)

Eine Liebesgeschichte

„Ist es nicht ein Traumpferd?" strahlt die Springreiterin Ursula Gut nach dem fehlerfreien Parcours und tätschelt ihren Gaston M liebevoll. Der 10-jährige Hannoveraner tänzelt ungeduldig und schnaubt, als ob er reklamieren wollte, weil er nicht vorwärtslaufen darf.

Ursula Gut ist eine der 16 Schweizerinnen und Schweizer, die in Zürich starten dürfen. Sie hat die anspruchsvollen Aufgaben gestern gut gemeistert. Im Eröffnungsspringen pilotierte sie Gaston M, der jedes Hindernis mit einer katzenhaften Leichtigkeit übersprang, ohne Fehler durch den Parcours. Für eine Platzierung unter den ersten zehn reichte es doch nicht ganz, da die Zeit zu lang war.

Die Augen der jungen Reiterin leuchten, wenn sie von ihren Pferden, insbesondere von Gaston M, spricht: „Ich habe noch nie zuvor ein so gutes Pferd reiten können. Es ist eine Persönlichkeit." Man müsse sich für den Wallach sehr viel Zeit nehmen, ihn immer bei guter Laune halten, sonst werde er stur und steif, erläuterte die junge Frau, die zugibt, in das Traumpferd teenagerhaft verliebt zu sein.

(TA, gekürzt)

© Verlag an der Ruhr, Postfach 10 22 51, 45422 Mülheim an der Ruhr, www.verlagruhr.de, ISBN 978-3-86072-201-5

Senkrecht lesen

Zeitungen, Magazine und Bücher werden häufig in Spalten gedruckt. Sie sind schneller zu lesen, weil das Auge entlang der Spaltenmitte senkrecht hinabfahren kann. Der folgende Text ist so schmal gesetzt, dass du ihn senkrecht lesen kannst.

✖ Schiebe von oben her eine Spielkarte über die gelesenen Zeilen hinab, damit dein Auge nicht zurückspringen kann. Versuche, mehrmals mit Tempo still zu lesen, und miss deine Zeit.

Tücke des Objekts

Sehr verehrte
Versicherung!
Nachdem ich nun
im Krankenhaus bin
und wieder
schreiben kann,
muss ich Sie,
verehrte
Versicherung,
bitten, meinen
Unfallschaden
wie folgt
aufzunehmen:
Ich hatte
vom Bau
meines Häuschens
noch Backsteine
übrig
und diese
wegen Trocken-
heit
auf dem Speicher
gelagert.
Jetzt wollte ich
ein Hühnerhaus
bauen und dazu
die da oben
gelagerten Steine
verwenden.
Dazu
erdachte ich
mir folgende
Maschinerie:
Der Speicher hatte
an der Hauswand
eine Tür,

an der ich
einen Balken
verankerte
und daran
ein Bälkchen
mit einer Rolle,
wodurch ich
ein Seil
laufen ließ.
Am Seil
hatte ich
eine Holzkiste
befestigt,
die ich dann
hinaufzog.
Das Seil
hatte ich
ganz unten
an einem Pflock
festgebunden.
Jetzt bin ich
hinaufgegangen
und habe
die Steine
in die Kiste
geladen.
Dann ging ich
wieder hinunter
und wollte
die Steine
in der Kiste
an dem Seil
langsam
herunterlassen.
Ich band
das Seil los,

hatte aber
nicht bedacht,
dass die Steine
in der Kiste
schwerer waren
als meine Person.
Als ich bemerkte,
dass die Steine
so schwer waren,
hielt ich das Seil
ganz fest,
damit
die Steine
nicht herunter-
stürzten und
kaputtgingen,
denn die
brauchte ich ja
fürs Hühnerhaus.
So ist es
geschehen,
dass mich
die Steine
am Seil hinauf-
zogen,
wobei mir
die Kiste
die linke Schulter
aufgerissen hat,
als wir uns
in der Mitte
begegneten.
Im Übrigen
bin ich gut
an der Kiste
vorbeigekommen,
habe mir aber
oben den Kopf
angestoßen,
und zwar erst
an dem Bälkchen,
und dann
an dem Balken.
Trotzdem
hatte ich aber
das Seil
festgehalten,
damit ich nicht
hinunterfalle.
Im selben Moment
ist aber
die Kiste
mit den Steinen
auf dem Boden
angelangt.
Durch den

heftigen Aufprall
ist der Boden
herausgebrochen,
und so konnte es
geschehen,
dass die Kiste
wieder leichter
wurde als ich.
Die Folge war,
dass ich
als der
schwerere Teil
nach unten sauste
und die Umrandung
der Kiste hinauf,
wobei wir uns
in der Mitte trafen.
Dabei schrammte
mir
der Kistenrest
die rechte Schulter.
Als die Kiste
oben war,
fiel ich unten
so unglücklich
auf den Boden,
dass ich mir
das rechte Bein
gebrochen habe
und sofort
in Ohnmacht fiel.
Nur dadurch
konnte es
geschehen,
dass ich

das Seil losließ,
was bewirkte,
dass die Kiste,
aber ohne Boden,
wie eine Birne
von oben
auf mich fiel
und mich
so unglücklich traf,
dass ich dem-
nächst oben und
unten ein Gebiss
bekomme.
Dass der Schaden
nicht noch größer
geworden ist,
verdanke ich
Ihrem Agenten,
bei dem ich
eine Versicherung
unterschreiben
musste und
der ich
nach Wiederher-
stellung
meiner Gesundheit
und meiner Zähne
die Rechnung
einreichen werde.
Wenn Sie diese
dann begleichen,
werde ich Sie
in unserem Dorf
weiterempfehlen.

(Nach Schädelin: Mein Name ist Eugen)

**Zeit im
1. Versuch:**
_____

2. Versuch:
_____

3. Versuch:
_____

© Verlag an der Ruhr, Postfach 10 22 51, 45422 Mülheim an der Ruhr, www.verlagruhr.de, ISBN 978-3-86072-201-5

Lückenloser Beweis (für Einsteiger)

❌ Ergänze die Lücken vom Sinn her, und suche des Rätsels Lösung. Kannst du die Geschichte trotz der Lücken auch laut lesen? Vergleiche deine Vermutung mit der Lösung in Spiegelschrift.

Gruppenarbeit:

❌ Jedes Mitglied bearbeitet einen Abschnitt. Lest euch die Lückentexte in der richtigen Reihenfolge vor. Diskutiert die Geschichte, und vergleicht eure Vermutung mit der Lösung in Spiegelschrift.

Detektiv-Ausbildung

„Vor einiger Zeit hatte ich ein Erlebnis, das Sie interessieren dürfte", erzählte Hugentobler seinen gespannt aufblickenden Studenten. „Zusammen mit meinem Freund Georg Kurz befand ich mich auf einem Angelurlaub im Süden unseres Landes. Keiner von uns war zuvor in dieser Gegend gewesen.

Eines Tag.. kam.. wir mit unserem alt.. Ford in d . . Örtch . . Mendrisio. Währe . . wir die Hauptstraß . entlangfahr . ., seh . . wir, wie drei Männ . . aus der Bank geran . . komm . ., in ihr Aut. spring . . und davonra . . . .

Wir halten .. und erfahren, ... die drei gerade . . . . Bank überfallen . . . 80000 Franken erbeutet . . . . . . Wir beschließen sofort, . . . Verfolgung aufzunehmen . . . stürzen zu . . . . Wagen. Ein Kassierer . . . . uns noch nach, dass . . . drei vermutlich . . Richtung Chiasso . . . . . . werden, ... sich da verschiedene Hauptstraßen kreuzen.

Zwei Kilometer h . . ter Mendrisio kö . . . n wir plöt . . . ch in einiger En . . . . nung das Fl . . . t-auto erkennen, aber wir k . . . men ei . . ach n . . ht näher ran, w . . l unser a . . er

Ford zu la . . . am ist. Schlie . . ich ve . . . eren wir die Ga . . ster ganz aus den A..en. Zw&i Kilom&t&r w&it&r komm&n wir zu &in&r Straß&nkr&uzung. Mitt&n auf d&m Asphalt li&gt d&r Pfahl mit d&n vi&r W&gw&is&rn: Chiasso, Riva San Vitale, Rovio und Mendrisio. Di& Gangst&r hatt&n ihn h&rausg&riss&n, um uns abzuschütt&ln. Was sollt&n wir nun mach&n?

M&in Fr&und Kurz kratzt sich am K.pf und m&int: „V&rdammt, j&tzt hab&n si& uns tatsächlich r&ing&l&gt. Wir hätt&n wirklich nicht . hn& Straß&nkart& l . sfahr&n s . ll&n. Ich hab& s . &in& Ahnung, als . b wir hi&r links abbi&g&n s . llt&n!"

„Einen Augenblick, Georg", antwortete ich ihm. „Wir brauchen nicht zu raten. Ich weiß, wie wir fahren müssen." Mein Freund Kurz guckte ziemlich verblüfft. „Wie willst du das denn feststellen?"

.tun zu nichts Sache der mit spurenReifen haben Übrigens .abgeschlossen Überprüfung meine war dann, blickAugen einen nur brauchte Ich

(Nach Ripley: „Wer ist der beste Detekitv?")

❌ Woher wusste ich, welche der vier Straßen nach Chiasso führte?

XE!ɐǝuʇ!ןɔʜxɐǝusxǝıuʇǝɔʜx`xuıɔʜxʍɐɯ,ʃı
ǝ!xǝucʜx`x!ıuxʍǝןɔʜǝɹxʁ!ɔʜʇuuɐXpʜ!ɐssoʁ!o·
ʁ!ɔʜʇuuɐxʍǝupısʇ!oxsǝıɐ·Xµuıxʜuʍʇⁱssǝⁱu
ǝuʇsʇɐɹǝɹ̆ǝupǝxʍǝɐʍǝısǝlxıuxqǝıx
sʇɐllǝɹxǝlxɐppǝⁱxʜⁱ-ן̆ıxǝuxsǝpx`xuǝⁱⁱsⁱʇˉǝⁱⁱⁱ
ǝuɐxuǝxuɐ!ɔʜʇ!oxǝⁱⁱɐkoɯɯǝuǝuxʍɐʇǝuˉXpǝ\ɐⁱɐ
Hnǝuʇoqlǝⁱxɯnssʇǝɪ`qɐsssⁱǝⁱxˉǝⁱˉǝⁱˉ

© Verlag an der Ruhr, Postfach 10 22 51, 45422 Mülheim an der Ruhr, www.verlagruhr.de, ISBN 978-3-86072-201-5

✖ Ergänze die Lücken vom Sinn her, und suche des Rätsels Lösung. Kannst du die Geschichte trotz der Lücken auch laut lesen? Vergleiche deine Vermutung mit der Lösung in Spiegelschrift.

Gruppenarbeit:

✖ Jedes Mitglied bearbeitet einen Abschnitt. Lest euch die Lückentexte in der richtigen Reihenfolge vor. Diskutiert die Geschichte, und vergleicht eure Vermutung mit der Lösung in Spiegelschrift.

Der geizige Kellner

„Hallo Kellner!" kommandierte Inspektor Keller. „Bringen Sie mir einen Salat ohne Haare!"

Mit spitzen Fing… nähe… sich der so Angesproch… den grünen Blätt… auf Kellers Tel… . „Finger weg", polte… der. „Ich will einen ne… Salat!" Profes… Hugentobler kiche… über den Zorn sei… Freundes. „Das erinn… mich an eine lust… Geschic…", schmunze… er.

„Vor einigen Jahren … ich .. Gast … Dr. Wegmann .. Wien. Einmal …. er … mir … Abendessen .. sein Lieblingsrestaurant. Das Essen … ausgezeichnet. Doch … Wegmann seinen Kaffee … zwei Würfelzuckern süßte, musste .. feststellen, … darin …. Fliege schwamm."

„Wa+ +oll an die+e% Ge+chichte +o komi+ch +ein?" knu%%te Kelle%. „Dafü% b%aucht man nicht nach Wien zu fah%en." „Wa%ten +ie ab, liebe% F%eund. Wegmann wusste, dass die geizigen Wiene% +eh% unge%n etwa+ wegwe%fen. Dahe% +chä%fte e% dem Kellne% ein, ihm unbedingt einen neuen Kaffee zu b%ingen, und nicht blo• die Fliege au+ dem alten zu fi+chen.

Kurz d…uf kam der K…ner mit e…m n…n Gedeck zu…k, doch der I…lt war of…sich…ch der…be! Wegmann erregte sich ein.g.rma..n, der Kel…r v…uchte e..ige A…eden, doch m..n Kol…e sagte ihm a.f den Kopf zu, d.ss er ihm de…lben Ka..ee zw…al ser…rt habe. Also n..m der K…ner das Gedeck w…er mit u.d b…hte dann t…ächlich einen neuen Ka…e.

D/& g"nz& Sz&n& w"r s&hr kOm/sch. &r m$ss g&gl"$bt h"b&n, d"ss W&gm"nn m/t üb&rs/nn-l/ch&n Kräft&n "$sg&st"tt&t w"r. VOr k$rz&m schr/&b m/r m&/n KOll&g&, d"ss &r dOrt nOch h&$t& m/t b&sOnd&r&r SOrgf"lt b&d/&nt w/rd."

H$g&ntObl&r
k/ch&rt& b&/ d&r &r/nn&r$ng "n j&n&n "b&nd.

sicher so Freund ihr wie, nicht sehe Ich" Keller Inspektor brummte, "konnte sein die misstrauisch untersuchte und vor gerade Kellner der die, Salatportion
.hatte abgestellt ihm

(Nach Ripley: „Wer ist der beste Detektiv?")

✖ Hast du eine Ahnung, wie Dr. Wegmann wusste, dass ihm der Kellner zweimal den gleichen Kaffee serviert hatte?

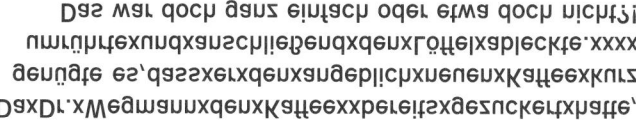

© Verlag an der Ruhr, Postfach 10 22 51, 45422 Mülheim an der Ruhr, www.verlagruhr.de, ISBN 978-3-86072-201-5

✖ Ergänze die Lücken vom Sinn her, und suche
des Rätsels Lösung. Kannst du die Geschichte
trotz der Lücken auch laut lesen? Vergleiche
deine Vermutung mit der Lösung in Spiegelschrift.

Gruppenarbeit:

✖ Jedes Mitglied bearbeitet einen Abschnitt. Lest
euch die Lückentexte in der richtigen Reihenfolge vor. Diskutiert die Geschichte, und vergleicht
eure Vermutung mit der Lösung in Spiegelschrift.

Erpressung

Frau Graber, die erfolgreich... Fahnderin bei der
Mordkommissi.., saß im Arbeitszim... des
bekann... Chemikers Walter Matthys.
„Zur Ze.. arbei.. ich an ein.. bestimmten
Kunststoffmisch...", erzähl.. d.. Wiss..schaftl..
gerade.

„In den letzt.. Woch.. bekam ich mehre.. anony-
me Briefe, in den.. ich aufgeford... wurd., dem
Schreib.. meine neu. Formel für 100 000 Frank..
zu übergeb.. .

Ein geradezu lächerlicher Betrag angesichts ...
enormen wirtschaftlichen Möglichkeiten. ... droh-
te ... gewissen Maßnahmen gegen .... und .... Familie, falls ... die .... einschalte. Daher .... ich
mich auch direkt .. Sie gewandt. Ich ...... mich,
wie die ... meinen Arbeiten erfahren haben."

„Bitte erzählen Sie mir nun genau, was sich heute Abend ereignet hat", unterbrach ihn die Kommissarin.

„N.n", b.g.nn d.r Ch.m.k.r, „.ch k.m .m .tw. v..r
.hr n.ch H..s. D.n.ch .ntl.eß .ch m..n.n S.kr.t.r, d.r

m.t s..n.r Fr..nd.n .ns K.n. w.llt. .nd b.g.b m.ch
.ns L.b.r. G.g.n s.chs .hr w.rd. .s d.nk.l, .nd .ch
m.cht. L.cht. .ch w.r g.nz .n mein. .rbeit v.rt.eft,
.ls .ch .tw. g.g.n .lf .hr d.s Spl.tt.rn ein.r
Gl.ssch..b. aus der R.cht.ng d.r K.ch. v.rn.hm.

R%fl%xartig dr%ht% ich di% Glühbirn% üb%r
m%in%m Arb%itsplatz h%raus und hi%lt d%n
At%m an, währ%nd sich drauß%n Schritt%
näh%rt%n. J%mand öffn%t% l%is% di% Tür und
richt%t% %in% Tasch%nlamp% in d%n Raum.
Die Glühbirne expl..ierte m.t e..m .a...n Kn..., d.n
der E....ech.. wohl für e..n Sc..ss hi..t, denn er
knip..e die Tas...nla..e aus. Ich w..f mich im
D...eln auf ihn und im f...end.. H...gemenge traf i..
ein S.hu. aus s..n.r eig...n Waffe."
„Sind Sie Rechts- oder Linkshänder?" fragte die
Kommissarin unvermittelt.
„Wieso? ... Ich, eh ..."
„tsl hcua lage", hcarbretnu nhi eid nirassimmoK.
„eiS nennök muak netrawre, ssad hci erhI et-
hcichseG ebualg."

(Nach Ripley: „Wer ist der beste Detektiv?")

✖ Weißt du, warum die Kommissarin die
Geschichte von Walter Matthys nicht
glauben wollte?

© Verlag an der Ruhr, Postfach 10 22 51, 45422 Mülheim an der Ruhr, www.verlagruhr.de, ISBN 978-3-86072-201-5

Vermisst: Buchstaben

Erkennst du, was im Fleckenbild dargestellt ist?

.rk.nnst d., w.s .m Fl.ck.nb.ld d.rg.st.llt .st?

Es sei dir verraten:

W.nn d. d.s Fl.ck.nb.ld .m 90 Gr.d n.ch r.chts dr.hst, s..hst d. ..n.n R..t.r h.ch z. Pf.rd .m Tr.b.

Du merkst: Solange die Mitlaute vollständig sind, kannst du von diesem Gerüst aus leicht die vollständigen Wortbilder ergänzen. Jedenfalls leichter als beim Fleckenbild. Aus diesem Grund wurden die Selbstlaute in einigen alten Sprachen beim Schreiben sogar ganz weggelassen, und man konnte sie dennoch lesen (z.B. Hebräisch).

✖ Lies die merkwürdige Geheimbotschaft zuerst still. Verstehst du den Witz? Was hättest du getan?

✖ Schreibe den Text nochmals vollständig mit allen Selbstlauten.

✖ Verfasse selbst eine solche Nachricht ohne Selbstlaute für deinen Banknachbarn. Lösche mit Tipp-Ex alle Selbstlaute aus einem kurzen Artikel deiner Wahl. Daraus entsteht eine spannende Material-Sammlung.

M.rkw.rd.g. G.h..mb.tsch.ft

N . ch d . r Sch .l . . ntd . ckt . S . s . nn . . m Str . ß . nr . nd . . n . n z.rkn.llt.n Z.tt.l m.t ..n.r m.rkw.rd.g.n G.h..mschr.ft. N.r m.t gr.ßt.r M.h. g.l.ng .s S.s.nn., d.n f.lg.nd.n T.xt z. .ntz.ff.rn: „M.rg.n m.ss.n ..nz.ln. Kl.ss.nl.hr.r d.r Sch.le m.th.lf.n b.. d.r V.rb.r..t.ng d.s Sp.rtt.g.s. W.r d..s.n Z.tt.l f.nd.t, br..cht d.sh.lb n.cht z.r Sch.l. z. g .h.n, s.nd.rn h.t m.rg.n d.n g.nz.n

T.g fr.. . .ll.rd.ngs g.lt d..se R.gl.ng n.cht f.r d.. f.lg.nd.n K.nd.r: W.r d..s.n Z.tt.l r.cht.g l.s.n .nd v.rst.h.n k.nn, m.ss m.rg.n tr.tzd.m p.nktl.ch z.m .nt.rr.cht .rsch..n.n. W.r br..ch.n n.ml.ch z.r V.rb.r..t.ng d.s Sp.rtt.g.s .ch m.gl.chst v..l. K.nd.r m.t K.pfch.n.n.“
Unterschrift:

A. Meier
(Direktor)

Vielleicht kennst du das Lied „Drii Chinisin mit dim Kintribiss". Im Text rechts tönen alle Wörter normal, und dennoch klingt er eigenartig.

✖ Lies das merkwürdige Gespräch zuerst still, dann laut.

✖ Kannst du selbst einige Sätze oder gar eine Geschichte erfinden? Du darfst dabei nur einen bestimmten Selbstlaut verwenden.

Papas Nachlass

- Mama?
- Ja, Barbara?
- Was war Papa?
- Papa war Staatsrat.
- Was war dann?
- Papa ward krank.
  Papas Sprachschatz war schmal.
  Sprach zwanghaft "a" manchmal!
- Was dann?
- Man gab Papa Pharmaka.
- Das war's?
- Papas Anstand schwand danach.
- Was tat Papa?

- Am Karsamstag war's knallhart.
  Papa stand nackt am Waldrand – sang Brahms.
- Was? Sang Brahms?
- Ja, Brahms, ganz banal.
- War Papas Tat strafbar?
- Staatsanwalt sprach's!
  Barsch sprach man
  Papa das Mandat ab.
- Was war dann?
- Danach starb Papa ganz, ganz langsam. An Asthma, sprach Papas Arzt.
  Tja, das war's.

© Verlag an der Ruhr, Postfach 10 22 51, 45422 Mülheim an der Ruhr, www.verlagruhr.de, ISBN 978-3-86072-201-5

Betrachte diese merkwürdige alte Taschenuhr. Geht dir ein Licht auf? Statt Ziffern stehen rundherum die Buchstaben des ABC. Wenn es 5 Uhr ist wie im Bild, deutet der Stundenzeiger dieser Zauberuhr exakt auf den Buchstaben L. Dreißig Minuten später, also um 5.30 Uhr, wird der kleine Zeiger beim M stehen und um 6 Uhr beim N. Du kannst somit also allen vollen Stunden und allen Halbstunden eindeutig einen bestimmten Buchstaben im ABC zuordnen.
Ein perfekter Geheim-Code, findest du nicht?

So verschlüsselst du eine Botschaft:

✖ Schreibe für jeden Buchstaben die entsprechende Uhrzeit, z.B.: „BACH" = 12.30-12-1-3.30

Entschlüsselt wird dein Text, indem man sich auf der Zauberuhr vorstellt, wohin der Stundenzeiger zu dieser Zeit gerade deutet. Er zeigt genau auf den Buchstaben, der gemeint ist.

Beachte:
J fehlt; Ä, Ö, Ü = AE, OE, UE; A = 12, Z = 24.

Sieben auf einen Streich

Erleichtert atmete die Erfindergruppe des Uhrenkonzerns auf: Die definitiv originellste Super–Uhr war fertig.

Wie sie aussah, musste unbedingt bis zur Pressekonferenz geheim bleiben. Ausgewählte Leute der Werbeabteilung hatten dazu bereits den nebenstehenden Text entworfen.

Sieben auf einen Streich

3.30–2–9.30–9–2/ 6–6.30–1–3.30/ 3–2–3.30–2–4–5.30// 5.30–6.30–8–3–2–6/ 12–6/12–5–5–2–6/ 3.30–12–6–1.30–3–2–5–2–6–4.30–2–6// 1.30–4–2/ 12–12.30–1–9.30–3.30–8//

22.30–16.00–20.00/14.00–20.00–14.30–12.00–18.00–13.30–14.00–18.00/20.30–16.00–14.00/20.30–19.00–14.00–24.00–16.00–14.00–17.00–17.00/14.30–21.30–14.00–20.00/13.30–16.00–13.00–15.30// 10.30–4–8/8.30–9.30–1–3.30–9–2–6/5–12–6–3–2/6–12–1–3.30/ 2–4–6–2–8/10–6.30–2–5–5–4–3/6–2–9.30–2–6/3–2–3.30–2–4–5.30–8.30–1–3.30–8–4–2.30–9//

13.30–16.00–14.00/24.00–21.30–14.00–18.00–13.30–14.00–18.0013.30–14.00/16.00–13.30–14.00–14.00/15.30–12.00–21.00–21.00–14.00–18.00/22.30–16.00–20.00/12.30–21.30–13.00–15.30–20.30–21.00–12.00–14.00–12.30–17.00–16.00–13.00–15.30/ 12–17–20.30/ 22.30–16–20/12–21.30–14.30/13.30–16–14/ 21.30–15.30–20/20.30–13–15.30–12–21.30–21–14–18//

1.30–16–2/12–12.30–1/21.30–3.30–8/ 3.30–2–16–8.30–20.30–9/ 8.30–4–2–1 2.30–14–6/ 12–21.30–2.30/ 14–4–18–2–6/ 20.30–9–20–2–16–1–15.30// 8.30–4–14/ 4–20.30–9:

✖ 05–2–4–1–3.30–9/ 2–8–5–2–8–6–12.30–12–8//

✖ 20.30–1–15.30–10.30–2.00–8/ 24–9.30/ 4.30–18–12–1–16.30–2–06.00//

✖ ⌐⌐|⌐⌐⌐,|⌐⌐⌐/|||⌐,⌐/

18.30–13.30–14.00–20.00/ 13.30–16.00–15.00–16.00–21.00–12.00–17.00//

✖ 8–12–8.30–1–3.30–2–8.30/–10–2–8–8.30–1–3.30–5–9.30–2–8.30–8.30–2–5–6/ 9.30–6–1.30/ 12–12.30–5–2–8.30–2–6//

✖ 09–8–12–4–6–4–2–8–9/ 1.30–12–8.30/   12–12.30–1//

✖ 8.30–1–3.30–8–2–4–12.30–21.00/ 4–5.30–5.30–14.00–8/   3–8–6.30–8.30–8.30

✖ 8.30–9–2–9–8.30/ 8.30–7–12–6–6–2–6–1.30/ 9.30–6–1.30/ 6–2–9.30//

Gruppenarbeit:

✖ Übersetzt einzelne Abschnitte, und fügt eure Lösungen zusammen. Wie heißt die geheime Werbebotschaft?

Partnerarbeit:

✖ Tauscht eigene verschlüsselte Meldungen aus. Ihr könnt digital (in Zahlen) oder analog (als Zeigerbild) schreiben.

© Verlag an der Ruhr, Postfach 10 22 51, 45422 Mülheim an der Ruhr, www.verlagruhr.de, ISBN 978-3-86072-201-5

Setze genau um

Gebrauchsanweisungen sind manchmal schwer verständlich.
Zum Glück ergänzen oft aussagekräftige Bilder den Text. Es ist nicht einfach, allein mit Worten einen Ablauf so genau zu erklären, dass man ihn auf Anhieb richtig ausführt. Eine Lehrergruppe hat das geübt und die folgende Anleitung für Sechstklässler geschrieben.

✖ Setze den Text genau um.

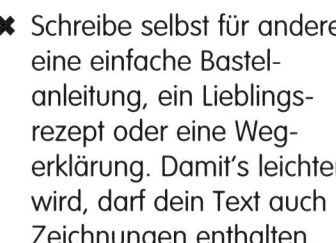

Deine Aufgabe:

Im Kuvert findest du 16 Puzzle-Teile.
Du musst sie schrittweise zusammenbauen.
Am Schluss entsteht folgende Figur: ein Quadrat (15 cm x 15 cm) mit zwei dicken, schwarzen Diagonallinien, welche die Ecken übers Kreuz verbinden. In der Quadratmitte ist ein kleines, viereckiges Loch ausgespart (2 cm x 2 cm).

✖ Stell dir diese Endfigur genau vor, und zeichne sie auf ein A4-Blatt, natürlich mit den richtigen Maßen. Deine Zeichnung dient dir künftig als Baustelle.

✖ Lege nun alle Puzzle-Teile neben deiner Baustelle bereit:

✖ Ordne sie zuerst nach gleichen Buchstaben: also alle A zusammen, daneben alle B usw.

✖ Achte darauf, dass die Buchstaben stets aufrecht stehen, d.h. mit dem Unterstrich gegen dich.

Zwei hilfreiche Tips, bevor du beginnst:

> 1. Alle Buchstaben müssen in der Endfigur aufrecht stehen.
>
> 2. Aus den schwarzen Rändern der gelegten Puzzle-Teile entstehen in der Endfigur die dicken, schwarzen Diagonalen.

Und jetzt geht's los:

1. Nimm in die rechte Hand das große, schwarze Dreieck A mit der abgeschnittenen Spitze.
✖ Nimm in die linke Hand als Gegenstück das große, schwarze Dreieck C, dessen Spitze genau gleich abgeschnitten ist.
✖ Platziere diese beiden Teile in deiner Baustelle so auf der Quadrat-Grundlinie, dass sich die beiden längeren, nicht eingeschwärzten Seiten berühren: Ein schwarzes Hausdach entsteht.
✖ Ziehe das Dach seitlich um 2 cm auseinander, bis sich die geschwärzten Dachränder genau decken mit der Diagonalen unten links und rechts.

2. Nimm in die rechte Hand das große, schwarze Dreieck A und in die linke Hand als Gegenstück das gleichgroße, schwarze Dreieck C.
✖ Platziere diese beiden Teile in deiner Baustelle 2 cm über den schon gelegten Stücken: Die Diagonalen verlängern sich dadurch nach oben und bilden ein Kreuz.

3. Nimm das große, schwarze Dreieck D.
✖ Platziere es so zwischen die beiden gelegten C-Dreiecke, dass es das untere mit dem schwarzen Rand ganz berührt und zum oberen C-Dreieck 2 cm Abstand hat.

4. Nimm das große, schwarze Dreieck D mit ausgeschnittenem Quadrat, und platziere es zwischen die gelegten A-Dreiecke.

5. Schließe die Lücken auf deiner Baustelle mit den übrig gebliebenen Teilen. Die schwarzen Linien müssen einander stets berühren, und alle Buchstaben stehen aufrecht.

Herzlichen Glückwunsch! Hoffentlich hat alles auf Anhieb geklappt.

✖ Schreibe selbst für andere eine einfache Bastel-anleitung, ein Lieblings-rezept oder eine Weg-erklärung. Damit's leichter wird, darf dein Text auch Zeichnungen enthalten.

✖ Teste die Leserreaktionen, bis du zufrieden bist.

© Verlag an der Ruhr, Postfach 10 22 51, 45422 Mülheim an der Ruhr, www.verlagruhr.de, ISBN 978-3-86072-201-5

Diese Denkaufgaben beginnen ganz leicht und werden immer anspruchsvoller bis zum Finale. Unter den fünf Antwortmöglichkeiten ist jeweils nur eine richtig.

✖ Du findest die Lösung, wenn du alle Aussagen gut ordnest und logisch aufeinander beziehst.

✖ Beginne mit deiner Überlegungskette stets bei einer Aussage, die ohne die übrigen Aussagen absolut verständlich ist, und ziehe dann Schritt für Schritt deine Schlüsse.

✖ Ordne die Aussagen in einer Tabelle oder einer übersichtlichen Zeichnung, sobald du nicht mehr alle im Kopf speichern kannst. Viel Spaß! (L)

© Verlag an der Ruhr, Postfach 10 22 51, 45422 Mülheim an der Ruhr, www.verlagruhr.de, ISBN 978-3-86072-201-5

1. Gleich hinter dem Haus ist eine Wiese; hinter der Wiese steht ein kleiner Wald, und dahinter liegt ein See.

Was ist am weitesten entfernt vom Haus?

 a) Wald   b) Straße

 c) See   d) unbestimmt

 e) Wiese

2. Zwei Würfel liegen auf dem Tisch. Einer ist weiß, der andere grün. Einer ist aus Holz, der andere aus Plastik. Der grüne Würfel ist nicht aus Plastik.

Welche Farbe hat der hölzerne Würfel?

 a) weiß   b) unbestimmt

 c) vielleicht rot   d) grün

 e) hell

3. Auf dem Fensterbrett stehen drei Vasen in einer Reihe. Eine ist aus Glas, eine aus Ton, die dritte aus Porzellan. Die linke ist aus Glas, und die mittlere ist nicht aus Porzellan.

Aus welchem Material besteht die rechte Vase?

 a) Glas   b) Keramik

 c) Ton   d) unbestimmt

 e) Porzellan

4. Von vier Männern haben zwei denselben Vornamen und auch den gleichen Beruf. Franz Glaser ist Maler, Karl Schlosser ist Spengler, Otto Schlosser ist Schreiner.

Was ist Franz Bauer von Beruf?

 a) Spengler   b) Schreiner

 c) Maler   d) Bauer

 e) Glaser

5. Das rote Buch ist dicker als das grüne. Es ist auch dicker als das graue. Das grüne Buch ist dünner als das graue.

Welches Buch hat eine mittlere Dicke?

 a) grün   b) unbestimmt

 c) rot   d) grau

 e) grün und rot

6. Drei Koffer stehen nebeneinander: ein grauer, ein brauner und ein schwarzer. Der schwarze Koffer ist leichter als der graue. Er ist auch leichter als der braune.

Welcher Koffer ist am schwersten?

 a) schwarz   b) nur teilweise bestimmt

 c) braun   d) grau

 e) grauer und brauner Koffer sind gleich schwer

7. In einem Bericht steht der Satz: "Wir saßen mit unseren Freunden an einem Tisch im Saal und schauten den tanzenden Paaren zu."

Wie viele Personen waren mindestens im Saal?

   a) sechs   b) vier

   c) elf   d) acht

   e) zehn

8. Entlang des Weges vom Gartentor her zum Haus stehen fünf Bäume in einer Reihe. Drei davon sind Tannen; außerdem wächst eine Birke und eine Buche. Vom Gartentor aus stehen zwei Tannen hintereinander. Die Birke ist der letzte Baum in Richtung Haus. Die Laubbäume stehen nicht nebeneinander.

Wo steht die Buche?

   a) unbestimmt   b) am Gartentor

   c) als zweite in der Reihe   d) in der Mitte der Reihe

   e) als vierte in der Reihe

9. Heute musste Sonja eine Stunde später zur Schule als gestern. Vorgestern hingegen schon zwei Stunden früher als heute. Am Mittwoch hatte sie um 10 Uhr Schule. Morgen ist Freitag.

Um welche Zeit begann Sonjas Unterricht am Dienstag?

   a) 8 Uhr   b) 10 Uhr

   c) 9 Uhr   d) 11 Uhr

   e) schon um 7 Uhr

10. Drei junge Frauen kommen uns entgegen. Jede trägt eine andere Kopfbedeckung. Karin geht neben Tina. Die mit dem Kopftuch heißt nicht Helen. Helen geht links neben der mit der Schirmmütze. Tina geht nicht neben Helen.

Wie heißt die junge Frau mit dem Strohhut?

   a) Tina   b) Karin

   c) Helen

11. Ein kleiner Schulbus bringt vier Knaben zur Schule. Alle sitzen hintereinander und haben einen Gegenstand auf dem Schoß. Der hinter Rolf hat einen Walkman. Mike sitzt hinter Toni.
Vor Martin sitzt der mit der Mappe. Rolf sitzt vorn. Der auf dem Platz vor Toni hat ein Buch.

Wer hat das Fliegerheft auf dem Schoß?

   a) Mike   b) Rolf

   c) Toni   d) Martin

© Verlag an der Ruhr, Postfach 10 22 51, 45422 Mülheim an der Ruhr, www.verlagruhr.de, ISBN 978-3-86072-201-5

Kleine Leseschritte erfassen

Im Text rechts kannst du erkennen, welche Wörter vom Sinn her enger zusammengehören. Wo die Abstände groß sind, hörst du eine Pause. Im normalen Druckbild ist leider nicht ersichtlich, welche Wörter näher zusammengehören. Das musst du vom Inhalt her spüren.

✖ Nimm einen Text deiner Wahl, und unterteile darin einige Sätze in zusammengehörige Gruppen von Wörtern. Mache eine Klangprobe.

Hast du manchmal Mühe mit dem Zeilensprung, oder gerätst du am Zeilenende ins Stocken? Kein Wunder: Vor allem bei breiten Zeilen mit Blocksatz müssen deine Augen jedesmal einen Riesensprung machen. Dazu kommt, dass das Ende der Linie oft zusammengehörige Wortgruppen oder Einzelwörter künstlich trennt, deren Sinnzusammenhang du im Kopf behalten musst. Vor allem beim lauten Lesen hilft es dir, wenn dein Auge immer genug Vorsprung vor deiner Stimme hat. Schau also möglichst weit voraus, dann wirst du vom Zeilenende nicht überrascht.

✖ Lies zuerst still, dann laut die Gespenstergeschichte rechts in der Mitte. Die Zeilen sind bewusst schmal und enden immer so, dass eine Sinngruppe abgeschlossen ist. Du kannst deshalb stets kurz Atem schöpfen und mit den Augen in Ruhe zur neuen Zeile gleiten.

✖ Lies nun die Geschichte mehrmals im schwierigeren Druckbild unten rechts.

Klassenkameraden

Peter und Roger   sind Klassenkameraden.   In der Pause   frönen sie   ihrem Lieblingssport: Sie übertreiben   fürs Leben gern.   Wer wohl heute   den andern aussticht?
Peter meint stöhnend: „Mein eigenes Zimmer   ist derart klein, dass ich das Fenster   jeweils notgedrungen   ganz weit aufmachen muss,   sonst kann ich   am Morgen   das Hemd   gar nicht anziehen!"
Roger steigert: „Was du nicht sagst!   Bei mir   ist alles   noch viel schlimmer.   Vor zwei Wochen   war ich doch   schwer krank.   Als der Arzt kam,   musste ich ihm   meine Zunge zeigen.   Aber   es ging einfach nicht.   Er musste hinaus   vor die Zimmertüre!"
Da meint Uschi,   die dazu gestoßen ist,   ganz locker: „Ist das alles?   In mein Zimmer   kann die Sonne   überhaupt nie hereinscheinen,   sonst habe ich keinen Platz mehr!"

Gespenstergeschichte

Eines Nachts,
als Frau Scholl allein zu Hause war,
hörte sie vom Dachboden her Schritte.
Zuerst tat sie so,
als merke sie nichts,
aber als die Schritte nicht aufhörten,
wurde es ihr unheimlich,
es konnte schließlich
ein Einbrecher sein.
Da fasste sie sich ein Herz,
nahm die Pistole ihres Mannes
aus dem Nachttischchen,
stieg die Treppe hinauf,
öffnete vorsichtig die Tür,
drückte ganz rasch
auf den Lichtschalter
und rief:
„Hände hoch!"
Aber ihre Angst
war umsonst gewesen.
Es waren nur zwei Füße,
die langsam
auf dem Dachboden
hin- und hergingen.

Gespenstergeschichte

Eines Nachts, als Frau Scholl allein zu Hause war, hörte sie auf dem Dachboden Schritte. Zuerst tat sie so, als merke sie nichts, aber als die Schritte nicht aufhörten, wurde es ihr unheimlich, es konnte schließlich ein Einbrecher sein. Da fasste sie sich ein Herz, nahm die Pistole ihres Mannes aus dem Nachttischchen, stieg die Treppe hinauf, öffnete vorsichtig die Tür, drückte ganz rasch auf den Lichtschalter und rief: „Hände hoch!"
Aber ihre Angst war umsonst gewesen. Es waren nur zwei Füße, die langsam auf dem Dachboden hin- und hergingen.

© Verlag an der Ruhr, Postfach 10 22 51, 45422 Mülheim an der Ruhr, www.verlagruhr.de, ISBN 978-3-86072-201-5

Sätze, Zeichen, Wortgrenzen

Auf der Straße schützen dich Verkehrssignale vor Überraschungen. Ähnlich funktionieren die Satzzeichen. Fehlen sie, so können Missverständnisse entstehen, und ein Text liest sich viel weniger flüssig, vor allem beim lauten Lesen.

✖ Lies die Geschichte zuerst still, dann laut (Partnerkontrolle).

✖ Setze die fehlenden Satzzeichen und Großbuchstaben ein.

Es fehlen:
5 Punkte, 1 Doppelpunkt, 3 Fragezeichen, 2 Kommas.

Texte ohne Wortabstände sind schwierig lesbar. Unsere Augen erkennen klar abgegrenzte Wortbilder viel leichter.

✖ Lies den Text zuerst leise, dann sprich die Szene laut wie eine Reportage im Sprechtempo des TV-Kommentators.

✖ Schreibe den Text mit den richtigen Wortabständen ab, und setze die richtigen Satzzeichen ein.

Mach folgenden Seh-Test:

Wie viele Wörter verstecken sich im erfundenen Bandwurmwort:

„ESKIMONOPOLINNEN"?

Ganz fremdartig wirken geschriebene Wörter, wenn man ihre Grenzen künstlich in Folgewörter hineinverlegt.

✖ Lies still den Text rechts, bis du die richtigen Wortgrenzen und Worteinheiten mit den Augen sicher erfassen kannst. Versuch's jetzt auch laut.

✖ Wähle selbst einen kleinen Text, und verrätsele ihn als Leseübung für die anderen. Du kannst ihn auch in ungewöhnlicher Betonung vortragen und testen, ob die anderen den Inhalt verstehen.

© Verlag an der Ruhr, Postfach 10 22 51, 45422 Mülheim an der Ruhr, www.verlagruhr.de, ISBN 978-3-86072-201-5

Das entscheidende Komma

Im alten Zarenreich verurteilte das Gericht einen Schwerverbrecher zu lebenslänglicher Verbannung auf eine Insel in seiner Not wandte sich der Verurteilte mit einem Begnadigungsgesuch an den Zaren der war bekannt dafür dass er mit den Kommas etwas Mühe hatte in einem eiligen Antwort-Telegramm teilte der zerstreute Zar den Herren Richtern folgende Entscheidung mit BEGNADIGE NICHT VERBANNEN ratlos betrachteten die Richter das Telegramm wo der Zar wohl das entscheidende Komma vergessen hatte war das nun ein Schuldspruch oder ein Freispruch an welcher Stelle sollten sie bloß das fehlende Komma ergänzen über das weitere Schicksal des Verbrechers ist nichts bekannt.

Fußballfieber

LetzteMinute MöllerstehtbeiderEckfahneundwirddenEckball-treten derBallkommthochherein dreivierSpielersteigenhoch aberChapuisatverfehltmitdemKopfvordemgegnerischenTorwart immernochstehtdiePartie0:0 weiterAbschlagindie-PlatzhälftederDortmunder AchtungkeinAus völligfreisteht-diebrandgefährlichegegnerischeSturmspitze übernimmt-denBallundziehtalleinlosgegendasDortmunderTor Schuss-ausvollemLauf aberglänzendumdenPfostengedreht vomre-flexschnellenTorhüterinsAus dieBorussiajetztplötzlichnoch-malsargunterDruck raschgespielteEcke Flanke zurMitte dieDortmunderVerteidigungistzumGlückwiedergutpostiert-undbauteinenEntlastungsangriffauf wielangelässtderSchieds-richterwohlnachspielen dieSpielzeitistabgelaufen dieDort-munderimmernochimBallbesitz unddakommtbereitsdererlö-sendeSchlusspfiff

Eins chim mel,ers tarrt vork älte

Eins chim mel,ab ges tell tinein empfer detran sport an häng ervore inem res tau rantim hes sisch enwet zlarun dans chei nendvor käl teers tarrt, hatda smitle ide ines an woh nerser regt. nachd emdasti erammon tagab endzweis tund enlang verge blicha ufdier ückkehrse inesbe sit zersge war tetha ttealar mier tederb esorg teanwoh nerdiepo liz ei. dasp ferds teher egung slos imt ranspo ter.beinä herem hins chau enverf logdan nall erd ingsd erär gerü berden rücks ich tslos enti erhalt er.derim wag enste hendes chim melwa rei neatt rappe.

Ready o Twen tief Ohr

„Hund Ertz Weik Oma Acht"

In alten Steinschriften (z.B. aus Phönizien oder Griechenland) wurden Wörter und Sätze nicht abgetrennt. Ein Text in unserer Sprache würde dann wie rechts aussehen.

✖ Lies die Geschichte, und teile sie nach Wörtern und Sätzen auf. In diesem Beispiel haben wir dir noch alle Satzzeichen gesetzt.

DOKTORODERFEUERWEHR?EINMANNRUFT
AUFGEREGTDENDOKTORAN.ERERREICHTIH
NLEIDERNICHT.DESHALBBITTETERDENARZ
TGEHILFENDENDOKTORSOFORTINSHAUSZ
USCHICKEN.INDIESEMMOMENTTRIFFTDER
ARZTEINUNDGREIFTZUMHÖRER.DERMANN
SCHREIT:„MEINEFRAUISTSCHWERKRANK.
EINSCHRECKLICHESFIEBERHATSIEGEPAC
KT.HELFENSIEBITTEMEINERFRAU,SONST
STIRBTSIE!SIEHATMEHRALS50°FIEBER.“D
ERDOKTORSCHÜTTELTNACHDENKLICHDEN
KOPF.„DIEARMEFRAU,ABERICHKANNIHRW
IRKLICHNICHTHELFEN.RUFENSIEDOCHGL
EICHDIEFEUERWEHR!“

Jetzt wird's etwas kniffliger.

✖ Lies die Geschichte, und teile sie nach Wörtern und Sätzen auf. Alle Satzzeichen außer den Punkten sind angegeben. Wetten, dass du sie selber einsetzen kannst.

VATERUNDSOHNSITZENIMZUGGEGENÜBER
HATEINEDAMEMITEINEMSELTSAMENHUTP
LATZGENOMMENAUFIHREMHUTHOCKTNÄM
LICHEINVOGELDERJUNGEISTSPRACHLOSV
ORSTAUNENUNDKANNKAUMSEINEAUGENV
ONDEMVOGELLÖSENUNRUHIGRUTSCHTER
AUFDERBANKHINUNDHER,STEHTAUFUNDS
ETZTSICHWIEDERHINSCHLIESSLICHSTUP
STERDENVATER,DAMITERAUCHAUFDASWU
NDERAUFMERKSAMWERDEDIEDAMEBEMER
KTDASAUFGEREGTEKINDUNDLÄCHELTIHM
ZUDAENDLICHFASSTDERJUNGEALLSEINEN
MUT,ZEIGTAUFDENVOGELUNDFRAGT:"KAN
NERAUCHPFEIFEN?"

Jetzt heißt's: Vorhang auf für Satzzeichen-Profis.

✖ Lies die nebenstehende Geschichte, und teile sie nach Wörtern und Sätzen auf. In diesem Beispiel haben wir dir keine Satzzeichen außer den Punkten angegeben. Unten rechts findest du alle fehlenden Satzzeichen, die einzusetzen sind. PS: Diese Geschichte eignet sich vorzüglich als Partnerarbeit. Wechselt einander doch ab.

✖ Lass dir zuerst die eine Hälfte diktieren, bitte dann du zum Diktat. Dann das Ganze nochmals in umgekehrter Reihenfolge.

DIESONNEHATTEDE
NKLEINENTEICHAUS
GETROCKNETDAMAC
HTENSICHZWEIFRÖS
CHEAUFDIEWANDER
SCHAFTUMFUTTERZ
USUCHENAUFEINEM
BAUERNHOFFANDEN
SIEEINENTOPFVOLL
FETTERMILCHSIESP
RANGENHINEINUNDL
IESSENESSICHSCHM
ECKENALSSIESATTW
ARENWOLLTENSIEHE
RAUSKLETTERNABE
RDIEWÄNDEWARENV
IELZUGLATTSIERUT
SCHTENIMMERWIED
ERINDIEMILCHZURÜ
CKALSIHREBEINEVO
MSTRAMPELNSCHME
RZTENGABDEREINEF
ROSCHAUFERLIESSS

ICHINDERMILCHTRE
IBENUNDERTRANKSE
INFREUNDABERSTRA
MPELTEDIEGANZENA
CHTUNDALSAMMORG
ENDIESONNEAUFGIN
GSASSERAUFEINEM
FESTENBUTTERBRO
CKENNUNSPRANGER
MITEINEMGEWALTIG
ENSATZÜBERDENRA
NDDESTOPFESUNDH
ÜPFTEFRÖHLICHDAV
ON

(Nach Aesop)

| Punkte: | 11 |
| Kommas: | 5 |

© Verlag an der Ruhr, Postfach 10 22 51, 45422 Mülheim an der Ruhr, www.verlagruhr.de, ISBN 978-3-86072-201-5

Heute haben die Hühner beson-
dere Eier gelegt. In jedem versteckt sich nämlich ein Wort.

✖ Findest du es? Schreibe die
Anfangsbuchstaben der
Wörter ins darunterstehende
Lösungsfeld. Und Simsala-
bim, schon entsteht das
Lösungswort.

Partnerarbeit:

✖ Zeichnet selbst Eier, und
versteckt Wörter darin.

✖ Erfindet eine Geschichte, in
der die Eierwörter vorkommen. Wer merkt,
welche ihr einge-
schmuggelt habt?

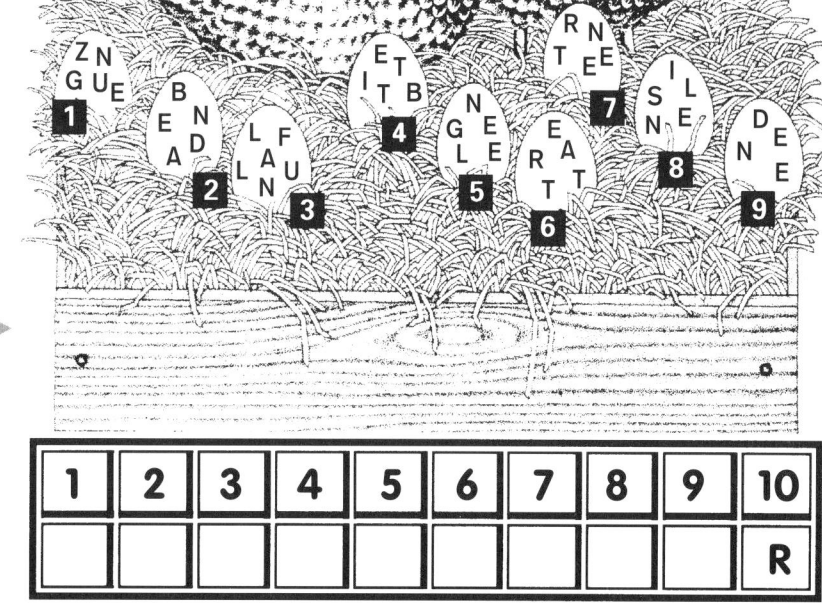

1	2	3	4	5	6	7	8	9	10
									R

✖ Wie viele Wörter erkennst du auf diesem Rettungsring?
Du kannst irgendwo starten. Die Buchstaben müssen
auf dem Ring nacheinander stehen, damit ein Wort gilt.
Alle Leserichtungen sind erlaubt.

Partnerarbeit:

✖ Vergleicht und ergänzt eure Lösung.

Vollmatrosen entdecken:
rechtsherum 19 Wörter, linksherum 1 Wort.

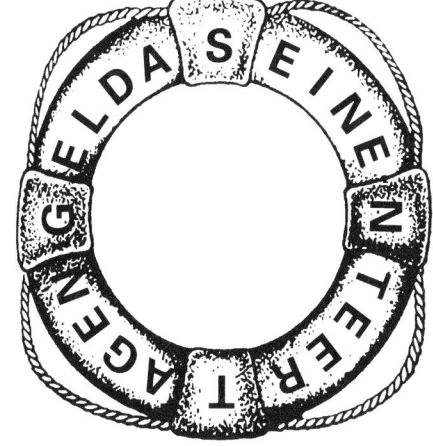

Mit den Wörtern auf dem Karton könnt ihr zu zweit ein
„Lese-Domino" spielen.

Es geht so:
A wählt ein Wort, z.B. „SPORT". B fügt möglichst rasch ein
Wort an, das zusammen mit „SPORT" sinnvoll ist, z.B.
„SPORT-TAG".
A sucht ein Wort zu „TAG", z.B. „TAGWERK" usw. Wer
nicht weiterkommt, wählt ein neues Startwort.

✖ Ihr könnt die Regeln auch verändern und mit eigenen
Wörtern weiterspielen.

✖ Baue mit einem Startwort deiner Wahl eine möglichst
lange Domino-Reihe.

Eine Aufgabe für Tüftler:

✖ Notiere alle sinnvollen Zusammensetzungen der Wörter. (Im Ganzen sind etwa 60 Kombinationen möglich.)

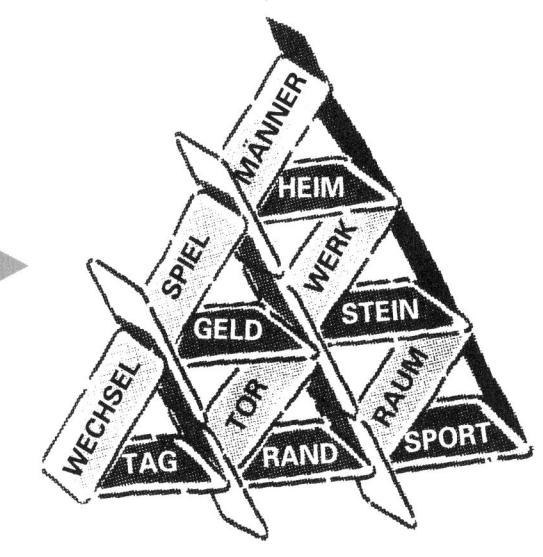

© Verlag an der Ruhr, Postfach 10 22 51, 45422 Mülheim an der Ruhr, www.verlagruhr.de, ISBN 978-3-86072-201-5

Verhexte Texte

Du siehst das letzte Bild einer Bildergeschichte. Als Hausaufgabe schrieb Vera dazu einen Text auf ihrem kleinen Computer.
Am Bildschirm hatte ihre Geschichte acht Sätze. Aber dann schlug die Computerhexe erbarmungslos zu. Verwirrt starrte Vera den Ausdruck ihres Textes an.

✖ Wie sah Veras Geschichte am Bildschirm ursprünglich aus? Schreibe sie auf.

Tip: Arbeite mit Nummern und Farben. Du kannst den verhexten Text auch zerschneiden und die passenden Stücke nachher richtig zusammensetzen.

Ⓛ

✖ Kopiert in vergrößerter Form ganz kurze Zeitungsmeldungen (weniger als vier Sätze).

✖ Zerschneidet sie in Teilstücke mit wenigen zusammenhängenden Wörtern. Jetzt klebt ihr die entstandenen Textstreifen kreuz und quer auf ein Blatt. Wer findet heraus, wie der richtige Text hieß?

Text-Collage:

✖ Schneidet aus großen Zeitungstiteln und Inseraten einzelne Wörter und Wortgruppen heraus.

✖ Fügt sie neu so zusammen, dass sich ein überraschender, lustiger Inhalt ergibt.

✖ Stellt eure geklebten Textbilder aus.

Der Bach

Der Bach kommt an einen Bach

Er kann nicht hinüberspringen

Ein kleiner Mann mit Hut und

Zigarre ist zu breit

Er den Stein geht zurück

mitten in den Bach denn er holt

wirft eine Brücke Der kleine

Mann will bauen

einen großen Stein

Er ist überquert von oben bis unten

den Bach Das Wasser pudelnass Der

kleine Mann spritzt hoch auf

© Verlag an der Ruhr, Postfach 10 22 51, 45422 Mülheim an der Ruhr, www.verlagruhr.de, ISBN 978-3-86072-201-5

Versetzte Sätze

Bei der folgenden Geschichte sind die Absätze durcheinander geraten.
Nun sind deine Detektiv-Talente gefragt.

✖ Lies den Text, und setze ihn in der richtigen Reihenfolge zusammen.

Ⓛ

Deine Lösung:

1. = **A**

2. = _____

3. = _____

4. = _____

5. = _____

6. = _____

7. = _____

© Verlag an der Ruhr, Postfach 10 22 51, 45422 Mülheim an der Ruhr, www.verlagruhr.de, ISBN 978-3-86072-201-5

Warum das Schwein weinte

A Ein Schwein, das auf einem Bauernhof lebte, hörte, wie sich die Menschen stets mit seinem Namen beschimpften. Die Magd sagte zum Knecht: „Du hast mich belogen, du bist ein Schwein!"

B „An meiner Stelle würdest du auch weinen", schluchzte das Schwein. Und es erzählte alles dem Esel.

C Eines Tages, als es wieder zuhören musste, wie man seinen Namen missbrauchte, legte es sich in seinen Koben nieder und weinte.

D So ging es fort und das Schwein kränkte sich immer mehr und mehr darüber.

E Im Stall war aber auch ein munterer, kleiner Esel. „Warum weinst du?", fragte er voll Anteilnahme das Schwein.

F Der Bauer sagte: „Dieser Händler ist ein Schwein, er hat uns betrogen!"
Und die Bäuerin schalt die Magd: „Wie schmutzig und unordentlich ist die Küche. Das ist doch eine Schweinerei!"

G Der Esel hörte mitfühlend zu und sagte: „Ja, das ist wirklich eine Schweinerei!"

(Iwan Krylow)

Da waren's nur noch vier

Alle Sätze dieser Geschichte sind durcheinandergeraten.

✖ Falls dich deine Spürnase beim Zusammensetzen im Stich lassen sollte, schneide Streifen, und versuch's nochmals. (L)

Die fünf Handwerksburschen auf Reisen

A Da zogen einstmals fünf Handwerksburschen aus einem Orte zusammen auf die Wanderschaft.

B Ach, wie erschraken sie da, als einer fehlte!

C Da kam ein Fremder daher und fragte, was sie hätten.

D Als sie nun ein gutes Stück Weges gegangen waren, fiel's dem einen plötzlich ein, ob sie auch wohl noch alle fünf beisammen wären, und er sagte es seinen Kameraden.

E Sie sagten's ihm und baten, er solle doch suchen helfen.

F Da standen sie alsbald still, und der eine fing an zu zählen: „Ich bin ich, eins, zwei, drei, vier!"

G Nun wussten sie gewiss, dass sie noch keinen Kameraden verloren hatten, und setzten vergnügt ihre Reise fort.

H Sie hatten sich gegenseitig versprochen, dass sie sich nicht voneinander trennen wollten.

I Der Mann aber rief, sie sollten alle ihre Nasen einmal in den Sand stecken und dann die Löcher zählen.

K „Ich bin ich, eins, zwei, drei, vier!"

L Sie zählten nun einer nach dem andern und brachten nur immer vier heraus:

M Das taten sie, und da kamen richtig fünf Nasen heraus.

Deine Lösung:

1. = A

2. = _____

3. = _____

4. = _____

5. = _____

6. = _____

7. = _____

8. = _____

9. = _____

10. = _____

11. = _____

12. = _____

© Verlag an der Ruhr, Postfach 10 22 51, 45422 Mülheim an der Ruhr, www.verlagruhr.de, ISBN 978-3-86072-201-5

Der Originaltext dieser Geschichte stammt vom Schriftsteller und Lehrer Hans Manz. Alle Sätze daraus findest du wieder, aber willkürlich vertauscht.

✖ Verschaffe dir zuerst einen inhaltlichen Überblick: Wovon handelt die Geschichte?

✖ Schneide die zwölf Sätze aus, und ordne die Textstreifen untereinander neu an. Du kannst selbst entscheiden, mit welchem du beginnst. Achte stets darauf, dass jeder nachfolgende Satz gut an den vorhergehenden anschließt.

✖ Wenn dir deine Fassung gefällt, nummerierst du darin alle Sätze fortlaufend von 1 bis 12.

✖ Vergleicht und diskutiert eure Lösungen.

Sicher möchtest du jetzt wissen, wie der Originaltext von Hans Manz aussieht. Soviel sei verraten: Er hat die Sätze nicht untereinander geschrieben, sondern im Kreis herum als zwölf Sonnenstrahlen angeordnet. Beim Lesen muss man seine Geschichte also ständig drehen. Er schrieb zu seinem Textbild folgende Gebrauchsanweisung: „Lies vorwärts oder rückwärts, und beginn, wo du willst."

Prüfe deine eigene Fassung:

✖ Lässt sie sich ebenfalls vorwärts von 1 bis 12 und auch rückwärts von 12 bis 1 lesen? Vielleicht sind noch kleinere Korrekturen der Reihenfolge nötig.

✖ Klebe deine geordneten Textstreifen im Uhrzeigersinn auf die Sonnenstrahlen der Vorlage auf der nächsten Seite.

✖ Jetzt dreht sich deine Geschichte ebenso endlos im Kreis wie jene von Hans Manz. Ⓛ

© Verlag an der Ruhr, Postfach 10 22 51, 45422 Mülheim an der Ruhr, www.verlagruhr.de, ISBN 978-3-86072-201-5

A Ich kann mir allein nicht helfen.

B Ich kann nicht fortlaufen.

C Es ist kaum auszuhalten.

D Ich brauche ein Werkzeug.

E Die Kiste ist zu schwer.

F Ich bin im Garten.

G Das Werkzeug ist im Haus.

H Man sollte die Kiste heben.

I Der Fuß tut mir weh.

K Ich kann nicht aus dem Schuh heraus.

L Mein Fuß steckt unter der Kiste.

M Die Zehen sind festgeklemmt.

Musste das sein?

✖ Lies vorwärts oder rückwärts, und beginne,
wo du willst.

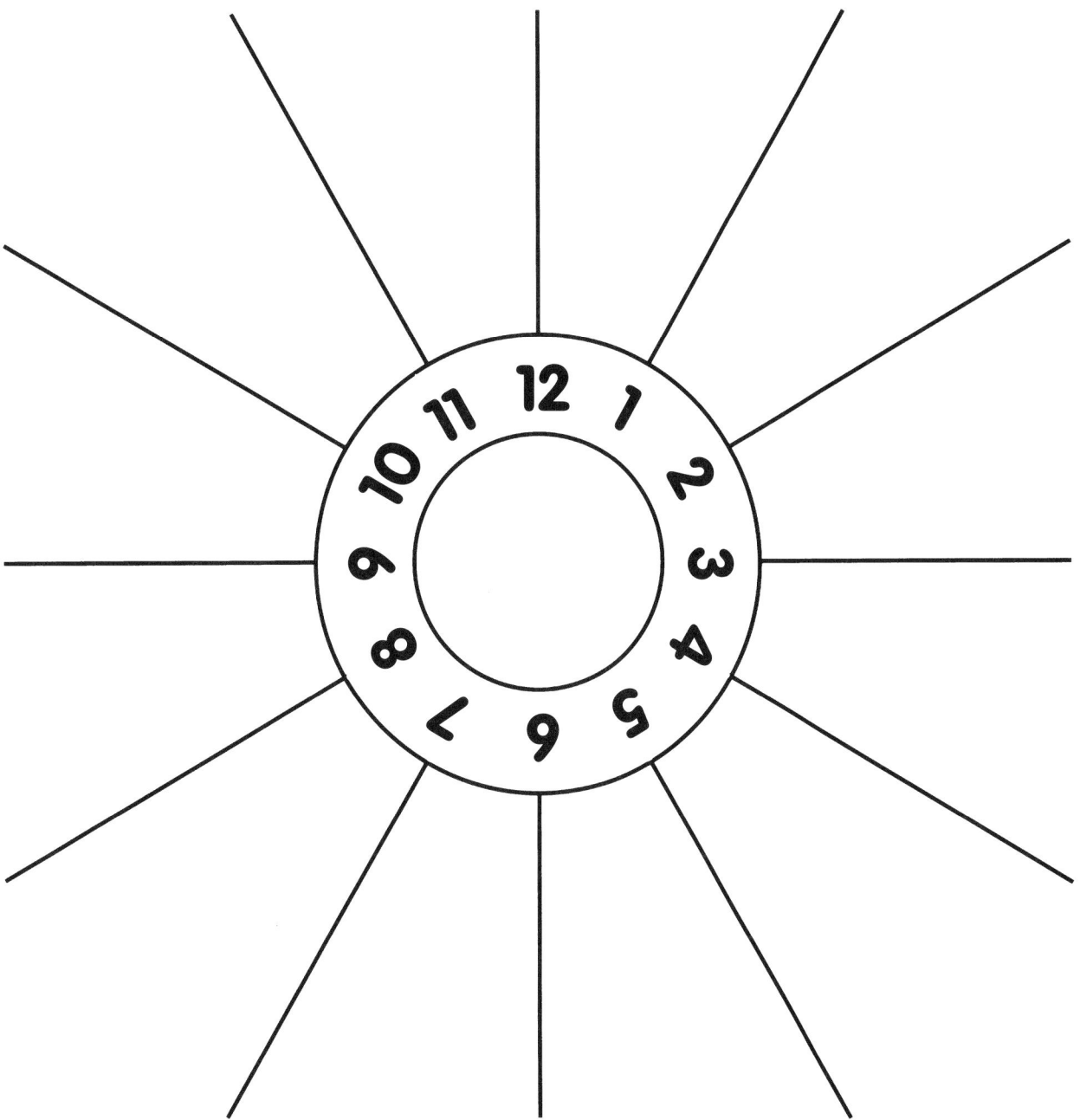

© Verlag an der Ruhr, Postfach 10 22 51, 45422 Mülheim an der Ruhr, www.verlagruhr.de, ISBN 978-3-86072-201-5

Statt Hausaufgaben:

Schon 20.30 Uhr … Eigentlich müsste Nina noch Aufgaben erledigen. Aber immer wieder dringen durch die offene Tür Gesprächsfetzen eines Krimis an ihr Ohr. Im Wohnzimmer schaut Jan „Derrick". Nina horcht auf. Worum sich die Sendung wohl diesmal dreht? Sie versucht, sich die Geschichte zusammenzureimen. Doch das ist gar nicht so einfach. Denn – das wisst ihr ja auch – im Film antworten die Menschen manchmal mit einem Lächeln, einem Augenzwinkern oder einem Kopfschütteln. Helft doch Nina, die vor lauter Spannung wie auf Nadeln sitzt.

Partnerarbeit:

✖ Schneidet die Geschichte auf der nächsten Seite in Streifen, und klebt sie dann unten der Reihe nach auf.

✖ Findet heraus, was soeben geschehen ist.

✖ Wenn ihr alle 19 Strahlen in die logische Reihenfolge gebracht habt, ergibt sich ein Lösungswort. Einige Buchstaben sind bereits im richtigen Lösungsfeld eingetragen.

✖ Schreibt den wirklichen Dialog auf, wie er in Derricks Rollenbuch stand.

Spielt die Szene nach:

✖ Was könnte in der „Derrick"-Folge nachher geschehen sein? Erfindet einen eigenen Schluss. (L)

1 _____

2 _____

3 _____

4 _____

5 _____

6 _____

7 _____

8 _____

9 _____

10 _____

11 _____

12 _____

13 _____

14 _____

15 _____

16 _____

17 _____

18 _____

19 _____

© Verlag an der Ruhr, Postfach 10 22 51, 45422 Mülheim an der Ruhr, www.verlagruhr.de, ISBN 978-3-86072-201-5

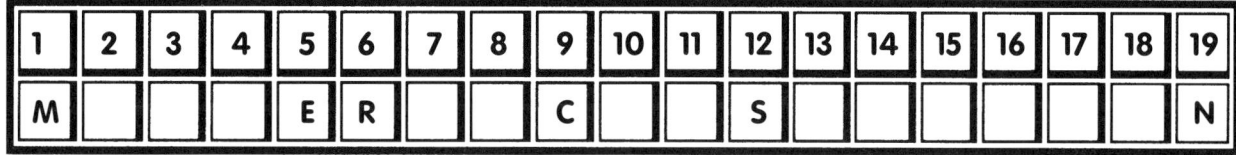

1	2	3	4	5	6	7	8	9	10	11	12	13	14	15	16	17	18	19
M				E	R			C			S							N

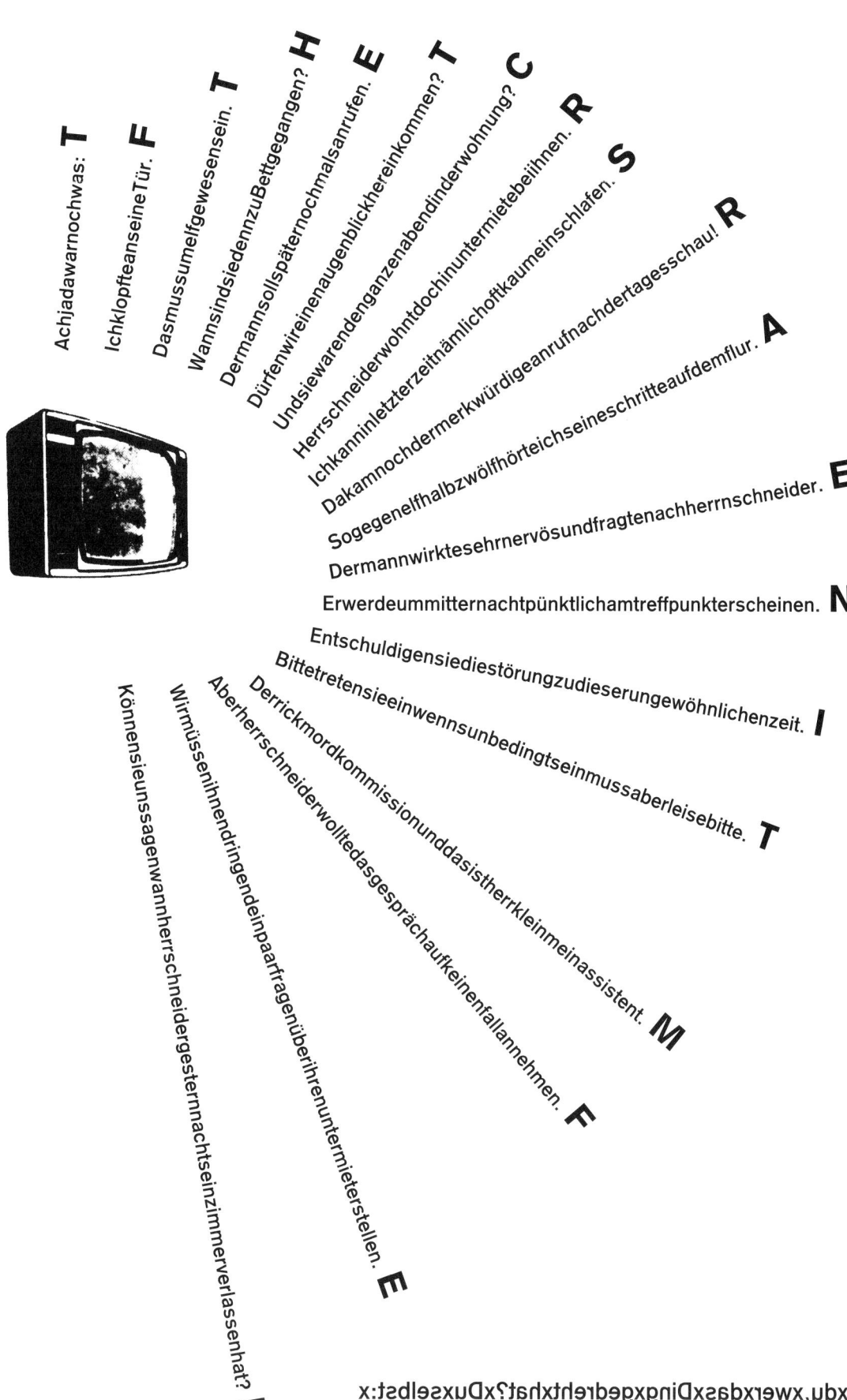

Achjadawarnochwas: **T**

Ichklopfteanseine Tür. **F**

DasmussumelfgewesensEin. **T**

WannsindsiedennzuBettgegangen? **H**

Dermannsollspäternochmalsanrufen. **E**

Dürfenwireinenaugenblickhereinkommen? **T**

Undsiewarendenganzenabendinderwohnung? **C**

Herrschneiderwohntedochinuntermietebeiihnen. **R**

Ichkanninletzterzeitnämlichoftkaumeinschlafen. **S**

Dakamnochdermerkwürdigeanrufnachdertagesschau! **R**

Sogegenelfhalbzwölfhörteichseineschritteaufdemflur. **A**

Dermannwirktesehrnervösundfragtenachherrnschneider. **E**

Erwerdeummitternachtpünktlichamtreffpunkterscheinen. **N**

Entschuldigensiediestörungzudieserungewöhnlichenzeit. **I**

Bittetretensieeinwennsunbedingtseinmussaberleisebitte. **T**

Derrickmordkommissionunddasistherrkleinmeinassistent. **M**

Aberherrschneiderwolltedasgesprächaufkeinenfallannehmen. **F**

Wirmüssenihnendringendeinpaarfragenüberihrenuntermieterstellen. **E**

Könnensieunssagenwannherrschneidergesternnachtseinzimmerverlassenhat? **N**

Übrigensxweißtxdu,xwerxdasxDingxgedrehtxhat?xDuxselbst:x
denxTextxxbeimxLesen!

© Verlag an der Ruhr, Postfach 10 22 51, 45422 Mülheim an der Ruhr, www.verlagruhr.de, ISBN 978-3-86072-201-5

Tracy Trifil ist Trickfilmzeichnerin. Sie hatte eben eine Serie fertiggestellt, die sie selbst super fand. Voller Stolz sprang sie auf, klatschte in die Hände und tanzte durchs Zimmer.

Ihre Verlegerin sollte die Neuigkeit sofort erfahren. Also fegte sie wie ein Wirbelwind ans Telefon im Korridor. Hinter ihr krachte die Tür zu.

Als sie wieder an ihren Zeichentisch zurückkehrte, erwartete sie eine unliebsame Überraschung.

In ihrem begreiflichen Begeisterungssturm hatte sie ihre Bilder völlig durcheinandergewirbelt.

✖ Sicher kannst du ihr helfen, wieder Ordnung in ihre Geschichte zu bringen.

✖ Noch ein Tipp: Wenn du die Bilder richtig zusammenstellst und die dazugehörenden Buchstaben der Reihe nach in den Filmstreifen einfügst, ergibt sich ein Sprichwort, das zu Tracys Geschichte passt.

Ⓛ

© Verlag an der Ruhr, Postfach 10 22 51, 45422 Mülheim an der Ruhr, www.verlagruhr.de, ISBN 978-3-86072-201-5

→ **Ende**

Die Geschichte, die Charles M. Schultz in den nachstehenden Bildern dargestellt hat, kommt dir wahrscheinlich bekannt vor. Da haben sich zwei Geschwister gestritten, dass die Fetzen nur so flogen. Darum sind die Bilder auch völlig verwirbelt.

✖ Ordne die Bilder, und schreibe den dazugehörenden Buchstaben unten in das Lösungsfeld.

✖ Das Lösungswort ist in dieser Geschichte etwas zu kurz gekommen.

✖ Schreibe in ein paar Sätzen auf, was du machst, wenn es dir ähnlich ergeht wie in der Geschichte?

Ⓛ

© Verlag an der Ruhr, Postfach 10 22 51, 45422 Mülheim an der Ruhr, www.verlagruhr.de, ISBN 978-3-86072-201-5

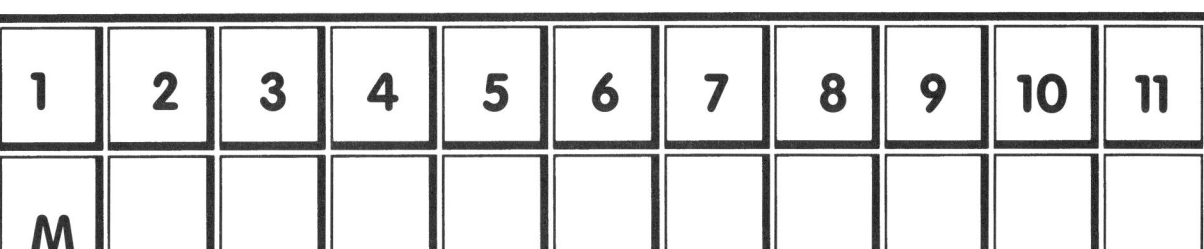

1	2	3	4	5	6	7	8	9	10	11
M										

Die Privatdetektivin Uschi Weiß arbeitet hauptsächlich für Versicherungen. Unlängst deckte sie einen Versicherungsbetrug auf, der ihr eine stattliche Erfolgsprämie einbrachte. Daher beschloss sie, einmal richtig nobel Ferien zu machen.
So weilt sie denn in Cannes in einem Fünfsternehotel. Dort macht sie die Bekanntschaft von Sabrina von Wartburg. Und es kommt, wie es kommen muss. Sabrinas wertvollstes Schmuckstück verschwindet. Spurlos? Oh nein, Uschi braucht keine 10 Minuten, um den Fall zu lösen. Und du?

✖ Weißt du es auch? Betrachte das Bild auf der nächsten Seite aufmerksam, lies die Geschichte genau, und beantworte die Fragen, die sich Uschi gestellt hat. Ⓛ

Sabrina von Wartburg liebt Schmuck über alles, vor allem ihre Perlenkette, ein Familienerbstück. Die Kette ist für 50 000,– Euro versichert.

Außerdem ist Sabrina von Cannes begeistert. Jedes Jahr kommt sie ins Hotel Negresco. Dort trifft sie Uschi Weiß und freundet sich mit ihr an. Sie ist überzeugt, dass Uschi ein unheimlich spannendes Leben führt. Immer wieder bedrängt sie ihre neue Freundin, ihr doch einen ihrer Fälle zu erzählen. Wenn sie dann die Umstände kennt, macht sie sich einen Spaß daraus, den Täter herauszufinden. Uschi lobt den detektivischen Spürsinn von Sabrina.

Doch plötzlich wird aus dem Spiel ernst. Und das am Geburtstag von Sabrina. Die beiden Freundinnen trinken in Sabrinas Zimmer ein Glas Champagner und beschließen, groß auszugehen. Sabrina will nur noch schnell ein Bad nehmen. Die beiden wollen sich in einer halben Stunde in der Empfangshalle treffen.

Aber kaum kommt Uschi aus dem Bad, wird heftig an ihre Tür geklopft und ihr Name gerufen. Uschi erkennt die aufgeregte Stimme Sabrinas. Schnell öffnet sie und erkundigt sich, was denn los sei.
Sabrina erzählt ihr, dass ihre Perlenkette verschwunden sei, während sie gebadet habe. Sie bittet Uschi, ihr zu helfen. Uschi hatte das Schmuckstück schon mehrmals bewundert und verspricht, alles daranzusetzen, um ihr die Kette wiederzubeschaffen.
Sie weist sich an der Rezeption aus und erkundigt sich nach Emile Martin, dem Hoteldetektiv. Sie setzt sich mit ihm zusammen und erzählt ihm von dem frechen Diebstahl. Was sie von Emile erfährt, ist nicht dazu angetan, sie zu beruhigen. Tatsächlich hat Robert Berger, der Mann, der das Zimmer neben Sabrina bewohnte, vor wenigen Minuten seine Rechnung verlangt und das Hotel ziemlich überhastet verlassen. Angeblich hatte er einen Telefonanruf erhalten, dass

eines seiner Kinder bei einem Unfall verletzt worden sei. Allerdings kann sich der Telefonist nicht daran erinnern, für Berger einen Anruf durchgestellt zu haben.
Doch es kommt noch schöner. Heiner Good, der andere Nachbar von Sabrina, scheint auch nicht ganz lupenrein zu sein. Es ist bekannt, dass in den Hotels, in denen er sich aufhielt, schon mehrmals wertvoller Schmuck abhanden kam.
Doch es konnte ihm bis jetzt nichts bewiesen werden.
Es wäre ein Leichtes, von den Balkonen der beiden Zimmer aus bei Sabrina einzudringen.
Und das ist denn doch der Gipfel: Auch der Etagenkellner ist wie vom Erdboden verschluckt. Er arbeitet erst seit drei Tagen im Hotel.
Uschi schüttelt ihr Haar und verfällt in Nachdenken. Plötzlich lacht sie auf: „Emile, ich hab's, ich weiß, wer den Schmuck genommen hat und wo er versteckt ist!"

© Verlag an der Ruhr, Postfach 10 22 51, 45422 Mülheim an der Ruhr, www.verlagruhr.de, ISBN 978-3-86072-201-5

© Verlag an der Ruhr, Postfach 10 22 51, 45422 Mülheim an der Ruhr, www.verlagruhr.de, ISBN 978-3-86072-201-5

Uschi ruft sich in Erinnerung, wie das Zimmer aussah, als sie die Freundin verließ, und wie sie es vorfand, nachdem Sabrina ihr den Diebstahl gemeldet hatte.

✖ Was hat sich verändert? _____

✖ Wer hat die Scheibe eingeschlagen? _____

✖ Könnte es Robert Berger gewesen sein? _____

✖ War es vielleicht Heiner Good? _____

✖ Oder war es gar der Etagenkellner? _____

✖ Wurde das Zimmer durchsucht? _____

✖ Wer ist der Dieb? _____

✖ Wo ist die Perlenkette? _____

Das Zimmer des Tatverdächtigen Marco Mattli, wie es Kommissar Tanner vorfand.

Hier versuchst du, Kommissar Tanner zu helfen.

✖ Betrachte das Bild auf dem vorhergehenden Arbeitsblatt. Lies dann die nebenstehende Geschichte. Betrachte nochmals das Bild.

✖ Welche Schlüsse ziehst du? Begründe deine Antworten.

Vielleicht helfen dir die nachstehenden Fragen, klarer zu sehen:

✖ Stimmt Mattlis Aussage mit Tamaras überein?

✖ Scheidet Mattli als Verdächtiger aus, falls Tamaras Aussage zutrifft?

✖ Welche Behauptungen in Mattlis Alibi könnten falsch sein?

- Tamara war heute Nachmittag hier.

- Der Postbote brachte ein Paket.

- Ich brauchte Glühlampen.

- Ich verließ die Wohnung nochmals, nachdem es zu regnen begonnen hatte.

- Ich habe Zeitung gelesen im Sessel beim Bücherregal, als Sie läuteten.

✖ Kommt Mattli als Täter in Frage?

© Verlag an der Ruhr, Postfach 10 22 51, 45422 Mülheim an der Ruhr, www.verlagruhr.de, ISBN 978-3-86072-201-5

Theo Schmidt, ein reicher, vornehmer Herr, lebte zurückgezogen am Stadtrand in seiner Villa, die eine 2 m hohe Mauer vor neugierigen Blicken schützte. Er beschäftigte einen Gärtner, einen Leibwächter und einen Koch. Leider langweilte sich seine junge Frau Tamara um ihn herum sehr. Sogar er merkte mit der Zeit, dass sie seit Längerem, ein Verhältnis mit dem schneidigen Marco Mattli pflegte, der 30 Autominuten entfernt in einer Stadtwohnung in der Nähe des Bahnhofs lebte.

An einem Novemberabend um 19 Uhr – draußen begann es gerade zu regnen – wurde Theo Schmidt in seiner Villa von einer Gewehrkugel tödlich getroffen. Der Leibwächter sah, wie der mutmaßliche Schütze über die hohe Gartenmauer kletterte, konnte ihn aber im Dunkeln nicht genau erkennen.

Als Tamara Schmidt per Taxi um 19.15 Uhr zu Hause eintraf, war die Polizei bereits am Tatort. Hauptverdächtiger war natürlich Marco Mattli. Als Kommissar Tanner um 19.55 Uhr an Mattlis Stadtwohnung läutete, öffnete ihm Mattli sofort und ließ ihn eintreten. So sah Mattlis Wohnzimmer aus, als ihn Kommissar Tanner fragte, wie und wo er den Nachmittag verbracht habe.

Mattli sagte aus: „Ich war den ganzen Nachmittag zusammen mit Tamara hier. So gegen 18 Uhr brachte mir der Postbote ein Express-Paket. Ich habe im Zustellbuch unterschrieben. Dann etwa um 18.15 Uhr war ich noch schnell im Supermarkt um die Ecke, um mir noch vor Ladenschluss Glühlampen zu kaufen. Eine funktionierte nämlich nicht mehr, und ich hatte keine vorrätig. Tamara verabschiedete sich um 18.45 Uhr. Sie wollte spätestens um 19.15 Uhr zu Hause sein, um sich umzuziehen, da sie mit einer Freundin ins Kino wollte, und zwar in die erste Vorführung, die um 20.15 Uhr beginnt. Ich verließ die Wohnung noch einmal kurz nach 19 Uhr und kaufte mir am Bahnhofkiosk eine Zeitung. Leider kam ich in diesen sintflutartigen Regen und holte mir trotz Schirm nasse Füße. Ich hoffe nur, dass ich mich nicht erkältet habe. Ja, und dann setzte ich mich in den Sessel beim Bücherregal und blätterte im Sportteil, bis Sie geläutet haben." Noch am selben Abend sprach Tanner auch mit Tamara. Sie gab mit tränenerstickter Stimme Folgendes zu Protokoll:

„Ich verbrachte den Nachmittag mit Marco in seiner Wohnung. Ich nehme Schauspielunterricht. Mein Mann lachte mich deswegen oft aus. Marco dagegen hörte mir begeistert zu und gab mir manchen Tipp. Gegen 18.45 Uhr ließ ich ein Taxi kommen, da ich mich mit einer Freundin verabredet hatte, die mich abholen wollte, um mit mir zusammen ins Kino zu gehen. Marco begleitete mich zum Taxi, da er noch eine Zeitung kaufen gehen wollte."

© Verlag an der Ruhr, Postfach 10 22 51, 45422 Mülheim an der Ruhr, www.verlagruhr.de, ISBN 978-3-86072-201-5

Die Bilder auf der nächsten Seite und der nebenstehende Text kommen aus der Feder von Wilhelm Busch. Im schönen Monat Mai feiert die Bienenkönigin ihre Hochzeit mit einem großen Fest. Sie lädt alle ihre Freundinnen und Kollegen aus dem Käfer- und Insektenreich zu einem Ball ein. Sie erscheinen in großer Zahl und tanzen zu den Klängen der Hofkapelle. Der Mond freut sich über das bunte Treiben und spendet gern die Festbeleuchtung.

✖ Lies den Text genau, und schau dir die Bilder an. Ordne dann jedem Absatz ein Bild zu.

✖ Wenn du die Bilder richtig aneinanderreihst, ergeben die Buchstaben zwei Lösungswörter. Sie passen zum Ende der Geschichte.
Sicher hast du festgestellt, dass Busch einige Wörter verwendet, die heute nicht mehr üblich sind.

✖ Schreibe nun deinen eigenen Text. Reimt er sich auch?

1 _____

2 _____

3 _____

4 _____

5 _____

6 _____

7 _____

8 _____

9 _____

Schnurrdiburr

1 Die Nacht ist warm, die Menschen träumen,
Und leise flüstert's in den Bäumen
Und leise schleicht der Mondenschein
In Dralles Garten sich herein. –

2 Die Fliege blus Trompete,
Der Mück Klarinette,
Die Hummel die Trummel,
Der Heuschreck die Geigen;
Das gab fürwahr einen lustigen Reigen

3 Schau! Holzbock, der Lange,
Ist eifrig im Gange
Mit Bienenlieschen,
Auf zierlichen Füßchen –

4 Und da der Kleine
Mit Minchen, dem Bienchen,
Rührt auch die Beine. –
Und seht mir nur das nette Trinchen!

5 Im Apfelbaum sitzt auch der Mond
Und hat dem Fest beigewohnt.

6 Nun waren da auch zwei Maienkäfer,
Recht nette Bübchen,
Doch blöde Schäfer;
Die rauchen und trinken im Nebenstübchen,

7 Bis dass sie im nassen Grase liegen
Und können nicht mehr nach Hause fliegen.
– Der Wächter Schuhu findet sie.
Er spricht: „Aha, das sind ja die!! –
Schon wieder mal!!" –

8 Und bringt sie in sein Wachtlokal.

9 Der Mond, der auch nicht recht mehr munter,
Hüllt sich in Wolken und geht unter.

© Verlag an der Ruhr, Postfach 10 22 51, 45422 Mülheim an der Ruhr, www.verlagruhr.de, ISBN 978-3-86072-201-5

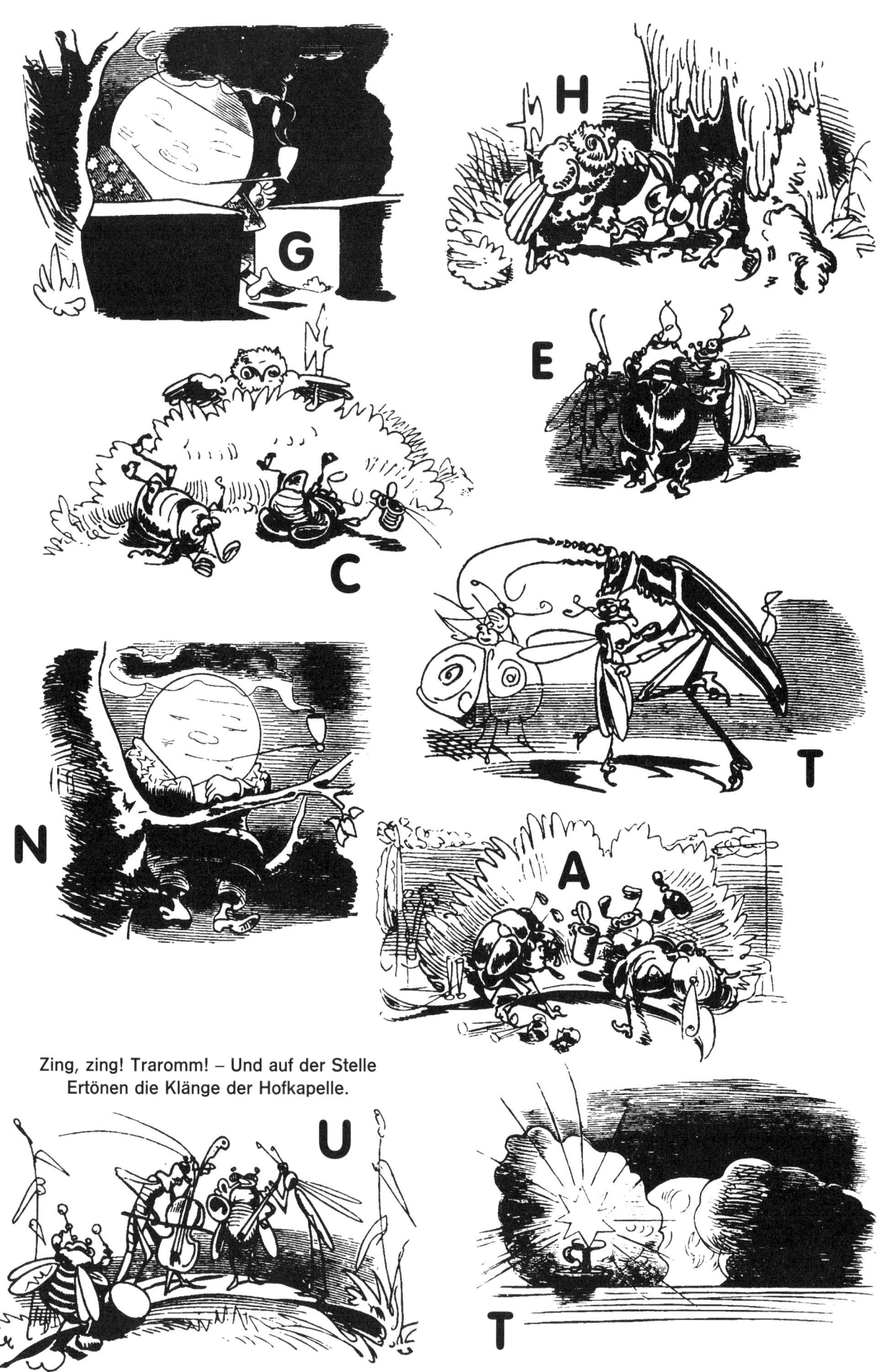

Zing, zing! Traromm! – Und auf der Stelle
Ertönen die Klänge der Hofkapelle.

Bei Ma Dalton zu Hause ...

© Verlag an der Ruhr, Postfach 10 22 51, 45422 Mülheim an der Ruhr, www.verlagruhr.de, ISBN 978-3-86072-201-5

Hier findest Du die tatsächlichen Dialoge aus dem Lucky-Luke-Comic. Allerdings stehen sie noch nicht in der richtigen Reihenfolge.

✖ Vergleiche Bild und Text. Jeder Buchstaben-Abschnitt entspricht einer Sprechblase.

✖ Finde die richtigen Sprechblasennummern, und trage sie unter „Lösung" ein.

✖ Wenn du anschließend die Buchstaben links von der Sprechblase in den Lösungskasten einsetzt, ergibt sich, von links nach rechts gelesen, ein Lösungswort. (L)

Lösung		Sprechblasen
...	R	Ma, ist Lucky Luke noch in der Stadt?
...	E	Der soll gefälligst draußen fressen!
...	E	Sobald ich frei bin, mach' ich ihn fertig!
...	A	Meinetwegen. Aber jetzt wird zuerst gegessen. Die Suppe ist fertig.
...	R	Joe! Wer hat dir erlaubt, vom Tisch aufzustehen, bevor wir fertig sind?! Lernt man solche Manieren im Gefängnis?
...	K	Joe, es ist immer dasselbe alte Lied mit dir. Kaum bist du wieder hier, geht alles drunter und drüber. Mach endlich den Hund los!
...	T	Aber ich sterbe vor Hunger.
...	S	Die Suppe kann warten!
...	B	Hörst du, Averell hat Hunger. Er war schon immer der Zarteste von euch vieren. Er muss reichlich und regelmäßig essen. Zu Tisch jetzt!
...	N	Darum bitte ich dich ja schon die ganze Zeit. Mach endlich diesen Hund los!
...	D	Hör auf, deine Brüder auf dumme Gedanken zu bringen! Hier wird niemand fertiggemacht. Iss jetzt deine Suppe, und gib dem armen Hund zu fressen!
...	U	Ja, er ist noch da. Heute Morgen half er mir, einige Läden zu überfallen.

Verstehst du, was hier geschieht?

✖ Entwirf für alle Sprechblasen einen eigenen Text.

© Verlag an der Ruhr, Postfach 10 22 51, 45422 Mülheim an der Ruhr, www.verlagruhr.de, ISBN 978-3-86072-201-5

Abenteuer mit Fischen ...

Zu Beginn des Jahrhunderts hat der Künstler Gustav Verbeek in einer amerikanischen Zeitung Bildgeschichten über den Fischer Muff und seine Frau Betty veröffentlicht. Die Originalbilder auf der vorherigen Seite zeigen einen Tag im Leben dieser beiden Menschen.

Ein Tag im Leben von Fischer Muff und seiner Frau Betty

Muff und Betty wohnen in einem kleinen, abgelegenen Haus am Meer. Sie leben mehr oder weniger von der Hand in den Mund. Trotzdem haben sie es gut miteinander, denn sie lieben sich sehr. Daher kommt es, wie dies manchmal geschieht bei Menschen, die sich sehr nahe stehen, dass sie einander immer ähnlicher sehen. So ähnlich, dass Fremde zweimal hinsehen müssen, ob nun Betty oder Muff des Weges kommen. Heute sind sie schon vor dem Morgengrauen zum Fischen hinausgefahren, und das Anglerglück war ihnen hold. Sie haben nämlich ein Prachtexemplar gefangen. Nun schlägt im Boot ein riesiger Fisch um sich.

Während sich Betty abmüht, den Fisch ans Ufer zu schleppen, fährt Muff mit seinem Boot wieder hinaus. Er will die Gelegenheit beim Schopf packen, denn er ist überzeugt, dass noch mehr Fische anbeißen werden.

Und tatsächlich zieht er einen Schwertfisch heraus. Allerdings wehrt sich dieser seiner Haut. Muff verteidigt sich zwar tapfer, doch der Fisch gibt nicht klein bei. Er taucht einfach ab.

Aber schon nähert er sich wieder und bohrt sich von unten ins Boot. Verzweifelt versucht Muff, mit dem sinkenden Schiff das rettende Ufer zu erreichen.

Kaum gelingt es ihm, Fuß zu fassen, greift ihn bereits ein anderer Fisch an und peitscht zornig mit seinem Schwanz.

Das Boot verschwindet im unruhigen Meer. Zum Glück kann Muff an Land springen und kehrt zu Betty zurück. Beunruhigt hat Betty Muffs Missgeschick beobachtet und eilt ihm entgegen. Die Pechsträhne der Muffs reißt allerdings nicht ab. Denn Betty übersieht völlig, dass sich ihr eine Gruppe Steinvögel nähert.

Morgen ist wieder ein neuer Tag.

Dann beschäftigen sie sich für den Rest des Tages im Haus und in ihrem kleinen Garten.

Er lässt Betty fallen und scheint sie vergessen zu haben. Während der Steinvogel nun gierig den Fisch verschlingt, fliehen Betty und Muff in den Wald und gelangen sicher nach Hause zurück. Dort umarmen sie sich lange stumm.

Sind Fische nicht die Leibspeise der Steinvögel? Es ist, wie wenn der hungrige Vogel Gedanken lesen könnte. Schon stürzt er sich herab auf die neue Beute.

Plötzlich kommt ihm der Fisch in den Sinn.

Muff entdeckt seine Betty in den Klauen des Steinvogels. Was nun? Muff weiß nicht mehr ein noch aus.

Dann klemmt er sie zwischen seinen Beinen ein und fliegt mit ihr davon.

Da, oh weh, das Unglück bricht über sie herein! Der größte unter den Vögeln packt sie am Rockzipfel und krallt sich darin fest.

Soweit die Geschichte vom Fischer und seiner Frau, die sich so sehr gleichen, dass sie leicht miteinander verwechselt werden können.
Und nun die Preisfrage:

✖ Hat Verbeek nur die erste Hälfte der Geschichte in Bilder umgesetzt?

✖ Oder doch nicht? Findest du die andern Bilder auch noch?

© Verlag an der Ruhr, Postfach 10 22 51, 45422 Mülheim an der Ruhr, www.verlagruhr.de, ISBN 978-3-86072-201-5

Vorlage für die Aufgabe Seite 71

Und so lautete die Aufgabe für die Lehrergruppe, welche diesen Text verfasst hat:

✖ Zerschneidet den untenstehenden Plan entlang den Schnittkanten in 16 Puzzle-Teile. Die Bezeichnung der einzelnen Puzzlestücke ist bereits mit Großbuchstaben vorgegeben.

✖ Schreibt eine eindeutige, möglichst einfache Bauanleitung. Sie soll Sechstklässlern genau erklären, wie sie die Puzzleteile zur Endfigur gemäß Plan zusammenfügen müssen.

✖ Euer Text darf ausschließlich Worte enthalten, keinerlei erklärende Zeichnungen.

Vorgehen:

✖ Sucht zuerst einen überschaubaren Weg, der in möglichst wenigen logischen Schritten zum Ziel führt. Überlegt den groben Aufbau eurer Bauanleitung. Formuliert die einzelnen Abschnitte.
Testet und verbessert euren Entwurf anhand von beobachteten Leserreaktionen.

Übrigens:
Es dauerte 3 Stunden, bis der vorliegende Text fertig war. Die beiden ersten Fassungen funktionierten nicht.

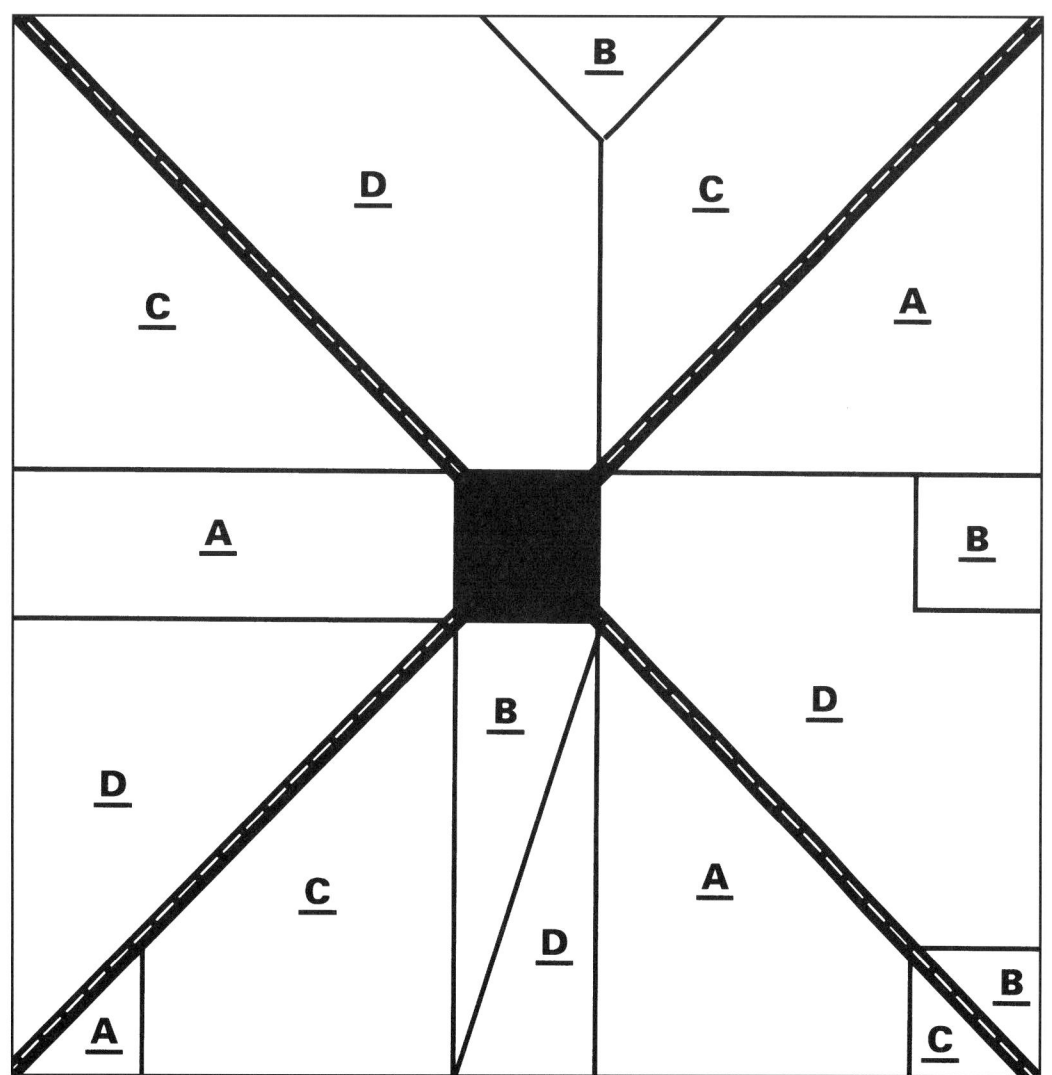

Seite 8

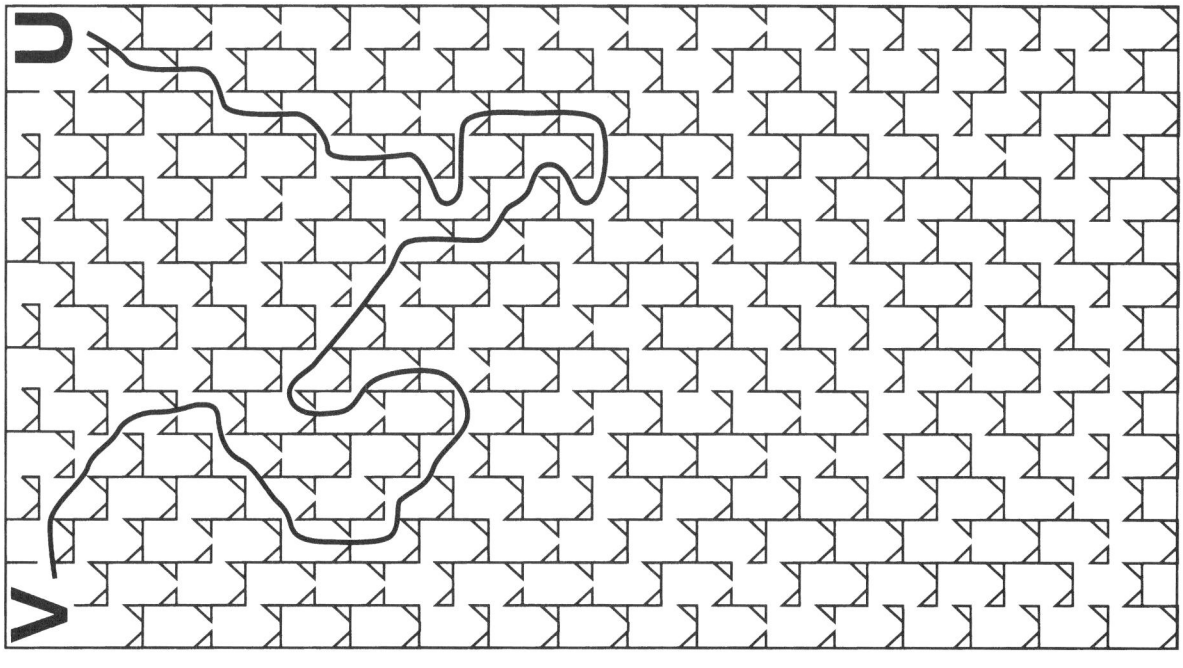

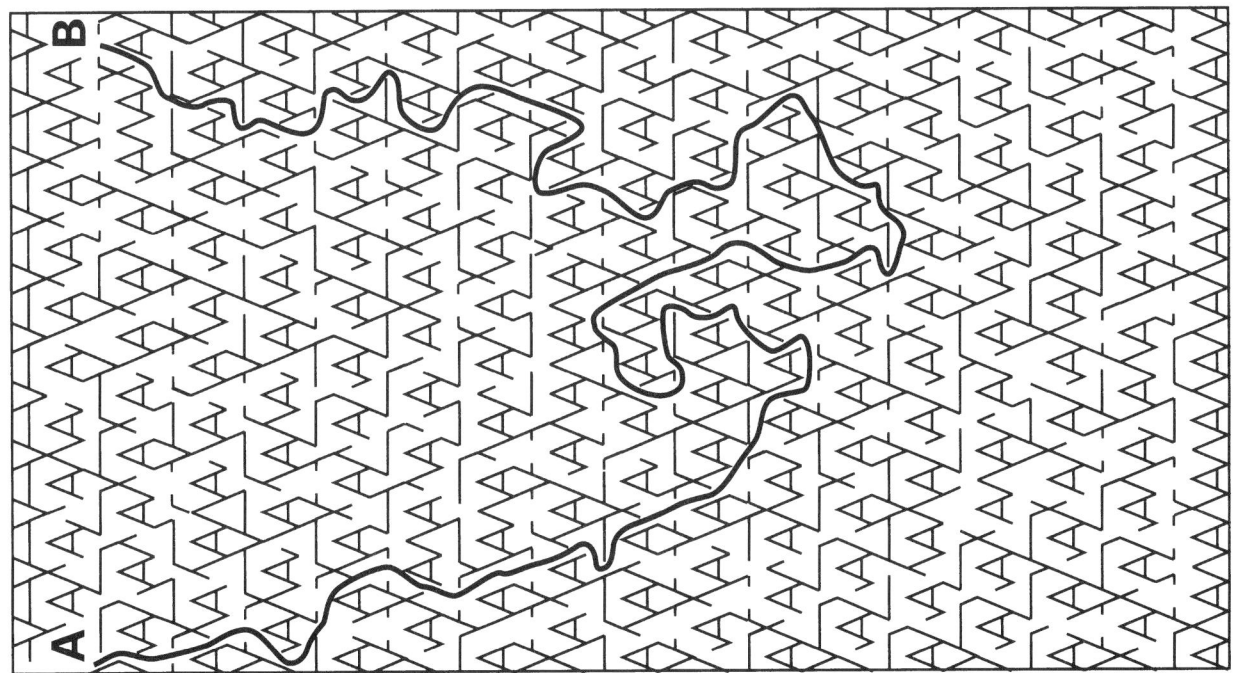

Seite 22

Rechenbuch	Glückskinder	Autobahn
Buchseiten	Kindergarten	Bahnhof
Seitenwind	Gartenzaun	Hofhunde
Windschatten	Zaunpfahl	Hundefutter
Schweinebauch	Mantelsaum	Hausdach
Bauchschmerz	Saumpfad	Dachstuhl
Schmerzmittel	Pfadfinder	Stuhlbein
Mittelstürmer	Finderlohn	Beinbruch

Seite 23 oben:

Fahnder	Detektiv	Gerade	Kurve
windig	Luv	ungefähr	vage
Dose	Konserve	Wortart	Verb
Leute	Volk	Reim	Vers
Mehl	Pulver	wenig	viel
Nummer	vier	Zug	Lokomotive
leer	voll	Lava	Vulkan
Blumen	Vase	nach	von
hinter	vor	Vertreter	Vikar
Pneu	Ventil	Schlange	Viper

Lehrerlösungen

Fortsetzung Seite 23 unten:

waagrecht

Doppel-----Einzel	Rom-----Stadt
Ding-----Sache	Teddy-----Bär
Barke-----Kahn	Ekel-----Graus
Bagger-----Bau	Widder-----Horn
Flagge-----Fest	Haken-----Nase
Streik-----Kampf	Laken-----Bett
Pudding-----Speise	

senkrecht

Pass-----Ausweis	auf-----ab
lern-----merk	Roggen-----Brot
Dogge-----Hund	Schaukel-----Stuhl
Paddel-----Boot	Eid-----Schwur
Makel-----Fehler	Luke-----Öffnung
Ei-----gelb	er-----sie
Keks-----Kuchen	

Seite 24 oben

8 Verben:
schlafen, schmieren, schmelzen, schwitzen, schmatzen, schmettern, schneiden, schlecken

8 Adjektive:
schwarz, schlau, schwer, schlimm, schal, schlecht, scharf, schmal

Seite 24 unten

A **Körperteile:** Schnabel, Schwanz, Schweif, Schnauze, Schulter, Stirn

B **Tiere:** Schnecke, Schwan, Spinne, Spatz, Storch, Stier

C **Berufe:** Schmied, Schneider, Schreiner, Spion, Sportler, Schlosser

D **Wetter:** Schwüle, Sturm, Strahlen, Strömung, Schnee, Schauer

E **Bekleidung:** Stiefel, Schlips, Skihose, Schürze, Schal, Strümpfe

Seite 26

mausarm, bärenstark, steinreich, wieselflink, blitzschnell, blutjung, rostrot, bleischwer, pechschwarz, grasgrün

Seite 28

Wörter in A ohne Gegenteil in B:
1 besetzt, 2 eng, 3 häufig, 4 leicht, 5 mutig, 6 offen, 7 schmal, 8 schräg, 9 tot, 10 wertlos

Wörter in B ohne Gegenteil in A:
1 faul, 2 fremd, 3 gut, 4 kaputt, 5 ledig, 6 locker, 7 passiv, 8 sehend, 9 südlich, 10 trocken

Seite 29

Vergleiche Lösungsvorschlag **Seite 57** in 12 thematisch geordneten Worttürmen.

Seite 30 oben

Ausbruch 71, Beinkleid 92, Flutwellen 83, Gehörgang 39, Mini-Äffchen 18, Organ 34, Vanilleeis 7, Vögel 61, Winzlinge 22, Zoo 27

Seite 30 unten

furchtsamsten 60/61, Geburt 21, hochgeschleudert 75, Gramm 23, größte 31+63, Stein 32, übrigens 27, ungeheuren 78, Vertreter 20, zugleich 9/10

Seite 32

KIND - WIND - WAND - WANN - MANN
WÜHL - WAHL - MAHL - MAUL - MAUS
REIS - REIM - HEIM - HELM - HELD - FELD
VOR - TOR - TOT - TAT - TAU - BAU
DUFT - LUFT - LUST - LAST - RAST - ROST - ROSE

WEIT - WERT - WORT - FORT
BILD - BALD - WALD - WAND
REGEN - LEGEN - LOGEN - BOGEN
GRAU - FRAU - FLAU - BLAU
RAST - HAST - HASS - HAUS
HAND - WAND - WIND - KIND - KINN
BAUER - MAUER - MAGER - MAGEN - WAGEN
HUNDE - WUNDE - WENDE - WEIDE - WEINE - LEINE

Seite 37

3 nie, 5 Ren, 6 nies, es, 7 reg, Regen, Gen, Genie, 8 Reigen, Ei, eigen

Seite 38

AHA, OTTO, TAT, TOT, TUT, UHU

Seite 49

Massiv, Bandit, (N/n)egativ, explosiv, Ventil, stabil, Appetit, Krokodil, Vitamin, Kredit, Detektiv, Medizin

Seite 57

Vergleiche **Seite 29** "Themawechsel" mit dem gleichen Wortmaterial

Seite 71

Vgl. Seite 97

Seite 72/73

1c, 2d, 3e, 4c, 5d, 6b, 7d, 8d, 9c, 10c, 11d.

● ● ● Seite 77

oben:
1. Zunge; 2. Abend, 3. Unfall, 4. Bitte, 5. Engel,
6. Ratte, 7. Ernte, 8. Insel, 9. Ende = ZAUBEREIER

Mitte:

rechtsherum:				linksherum:
sein	in	eng	Dasein	nie
seine	Ente	enge		
ein	Teer	Engel		
eine	Tage	Geld		
einen	tagen	da		
Ei	Gen	das		

● ● ● Seite 78

Ein kleiner Mann mit Hut und Zigarre kommt an einen Bach. Er kann nicht hinüberspringen. Der Bach ist zu breit. Der kleine Mann geht zurück, holt einen großen Stein, denn er will eine Brücke bauen. Er wirft den Stein mitten in den Bach. Das Wasser spritzt hoch auf. Der kleine Mann ist von oben bis unten pudelnass. Er überquert den Bach.

● ● ● Seite 79

1. = A, 2. = F, 3. = D, 4. = C, 5. = E,
6. = B, 7. = G

● ● ● Seite 80

1. = A, 2. = H, 3. = D, 4. = F, 5. = B, 6. = L,
7. = K, 8. = C, 9. = E, 10. = I, 11. = M, 12. = G

● ● ● Seite 81/82

Analog zum Zifferblatt einer Uhr hat Hans Manz die Textstrahlen so angeordnet:
12 = A, 1 = E, 2 = H, 3 = D, 4 = G, 5 = F,
6 = B, 7 = L, 8 = I, 9 = C, 10 = K, 11 = M

● ● ● Seite 83/84

Mitternachtstreffen

● ● ● Seite 85

TRAU SCHAU WEM

● ● ● Seite 86

Miteinander

● ● ● Seite 87/88

1. Blumen in Unordnung, Schublade und Schmuckschatulle sowie Koffer und Balkontür offen, Telefonkabel durchschnitten, eine Scheibe eingeschlagen, Bett aufgeschlagen.

2. Die Scheibe wurde von innen eingeschlagen: Das weist auf einen Stümper hin.

3. Kaum.

4. Kaum.

5. Kaum. Der hat normalerweise keinen Schlüssel.

6. Kaum.

7. Sabrina selbst.
   Sie wollte ihre neue Freundin testen.

8. Im Blumentopf.

● ● ● Seite 89/90

1. Nein, der Zeitablauf stimmt nicht überein.

2. Ja. Wenn er sich um 18.45 Uhr von ihr verabschiedete, konnte er unmöglich um 19 Uhr am Tatort sein.

3. a) Kaum falsch. Beide sagen aus, den Nachmittag gemeinsam verbracht zu haben.

   b) Kaum falsch, da einfach nachzuprüfen. Ein Paket liegt im Sessel.

   c) Kaum falsch. Eine Packung liegt auf dem Tisch.

   d) Auch das stimmt. Der nasse Regenschirm steht aufgespannt in der Ecke. Aber wahrscheinlich stimmt der Grund nicht.

   f) Da müsste er aber im Dunkeln lesen können.

4. Ja. Er ist ein Sportler. Er hat eine Gewehrsammlung. Ein Gewehr fehlt.

● ● ● Seite 91/92

GUTE NACHT

● ● ● Seite 93/94

KNASTBRUEDER

Aesop: **S. 73** *aus:* **Ich sammle Wörter**, Middelhauve Verlag, Köln 1969

Anonymus: Bild **S. 4** *nach:* **SLZ-Taschenbuch Nr. 6**, Zürich 1981

Anonymus: Textbild **S. 15, 16** *aus:* **Schreibkunst, Kunstgewerbemuseum der Stadt Zürich**, Zürich 1981

Bächinger, Konrad u.a.: **S. 73** frei nach: **Froher Rechtschreibunterricht**, Verlag Arp, Wattwil 1983

Benz, Elisabeth: **S. 58** nach: **Praxisbuch Legasthenie**, Schubi-Verlag, Winterthur 1987

Bodenmosaik Orléansville (Algier): Bild **S. 17** *aus:* Jeremy Adler u.a.: **Text als Figur**, Herzog August Bibliothek, Wolfenbüttel 1987

Bozellec A.: Bild **S. 59** *aus:* Ch. Bruel: **Die Chaoskinder**, Alibaba Verlag, Frankfurt 1982

Busch, Wilhelm: Bild **S. 80**, *Text* **S. 89** *aus:* **Sämtliche Bildergeschichten**, Gondrom Verlag, Bayreuth 1978

Del-Prete, Sandro: Text und Bilder **S. 38, 39** *aus:* **Illusoria**, Benteli Verlag, Bern 1987

Gerhard (Kursteilnehmer): **S. 50, 51** *frei nach:* **Geschichten aus dem Alltag gekratzt**, hrsg. von Chr. Adamczak u.a., Wetzlar 1988

Grüneisl, Gerd u.a.: Bilder **S. 5, 6, 7, 30, 31, 33, 34, 42, 47, 52, 56, 57, 62, 63, 64, 66, 69, 70, 74, 76, 77, 78, 81, 91** *aus:* **Schnippelbuch Nr. 1 und 2**, Pädagogische Aktion e.V., Nürnberg 1981, 1991

Heygel, Reto, Zürich: **S. 65** *aus:* **Wolfach Zeitung**, Zürich 1992

Hohler, Franz: **S. 71** *aus:* **Wegwerfgeschichten**, Zytglogge Verlag, Bern 1990

Jacobsson, Oscar: Bild **S. 75** *aus:* **Die besten Adamson-Bilder-Geschichten**, Erpf Verlag, Bern 1981

Kippbilder: **S. 34** *aus:* Thomson, David: **Visual magic**, Bresliche Foss, London 1991, urspr. von Boring, Edwin. G. (1886–1968)

Krüss, James: **S. 37** *aus:* **Der wohltemperierte Leierkasten**, Gütersloh 1961

Krylow, Iwan: **S. 76** *zit. aus:* **Geschichten aus dem Alltag gekratzt**, hrsg. von Chr. Adamczak u.a., Wetzlar 1988

Kumlehn, Antje u.a.: **S. 59** *frei nach:* **Praxis Deutsch Nr. 112**, Friedrich Verlag Velber, 1992

Lucky Luke (Morris/Goscinny): Bild **S. 90**, *Text* **S. 91** *nach:* **Ma Dalton**, Band 47, Delta/EPA Verlag, Stuttgart 1986

Manuel, B.: **S. 56** *frei nach:* **Rätsel, Denkspaß, Kniffeleien**, Ravensburg TB Nr. 1559, Ravensburg 1984

Manz, Hans: **S. 58, 78** *aus:* **Die Welt der Wörter**, Beltz Verlag, Weinheim und Basel 1991

Mon, Franz: **S. 55** *frei nach:* **execution der excusion**, zit. aus: bundesdeutsch, hrsg. von R. O. Wiemer, Peter Hammer Verlag, Wuppertal 1974

Rekorde: **S. 28** *nach:* **Lexikon der Superlative**, Orbis Verlag, München 1991

Ripley, H. A.: **S. 62, 63, 64** *frei nach:* **"Wer ist der beste Detektiv?" Fordney's Fälle**, Du Mont Buchverlag, Köln 1989

Sprachbuch 5: Bild **S. 82** *aus:* **Sprachbuch 5**, Diesterweg Verlag, Frankfurt/M 1975

Siegenthaler, Urs, Zürich: Fotos **S. 53** *(unveröffentlicht)*

Schädelin, Klaus: **S. 61** *in Anlehnung an G. Beyer frei nach:* **Mein Name ist Eugen**, Theologischer Verlag, Zürich 1989

Schulz, Charles M.: Bild und Text **S. 83** *aus:* **Das große Charly Brown Buch**, dt. Lizenz Kosmos, Genf

Steiger, Albert: Originalbild **S. 58**, *Text nach:* **Robinsons Abenteuer**, SJW-Heft Nr. 151

Tages-Anzeiger: **S. 49** *vom 18.5.1984.*

Vallaster, Adolf: **S. 55** *aus:* **Der Zeitpunkt Nr. 3**, 1992

Verbeek, Gustave, Bild **S. 92** *zit. aus:* **Frisby**, John P: Sehen, Heinz Moos Verlag, München 1983

Watzlawick, Paul: **S. 60** *aus:* **Anleitung zum Unglücklichsein**, Piper Verlag, München 1983

Wey, Max: **S. 60** *aus:* **Minuten-Geschichten**, Tagblatt der Stadt Zürich, 1.4.1993

Die vorliegenden Materialien sind aus zahlreichen Lehrerfortbildungskursen und aus der unterrichtspraktischen Erfahrung der AutorInnen entstanden.

Lilo Seiler und Andreas Vögeli leiten heute als Team Kurse für erwachsene SchweizerInnen, die kaum lesen und schreiben können.

Andreas Vögeli,

geboren 1945, studierte in Zürich Germanistik mit Schwerpunkt Sprachdidaktik.

Mehrere Jahre wirkte er am Pestalozzianum Zürich sowie in der Aus- und Fortbildung von Primarlehrkräften. Heute arbeitet er als selbstständiger Kursleiter in der Erwachsenenbildung. Im Rahmen verschiedener Lehraufträge gilt sein didaktisches Hauptinteresse wirkungsvolleren Lerntechniken und der Weiterentwicklung von sprachlichen Fertigkeiten im Bereich Lesen und Schreiben.

Er hat mit mehreren Publikationen zum Thema „Funktionaler Analphabetismus" gezeigt, wie wichtig der Bildungsauftrag ist, allen SchülerInnen Zugang zur Schriftlichkeit zu eröffnen, gerade auch jenen mit massiven Schwierigkeiten.

Andreas Vögeli setzt sich auch persönlich jeden Tag intensiv mit Sprache auseinander: als leidenschaftlicher Leser, Lektor und Hörspielautor.

Nicht zuletzt hat er viel gelernt aus dem Entwicklungsprozess seiner beiden Kinder während ihrer Primarschulzeit.

Lilo Seiler,

geboren 1946, arbeitet seit einigen Jahren an der Berufsschule für Weiterbildung in der Schweiz.

Sie unterrichtet Erwachsene, die ihre Lese- und Schreibprobleme überwinden möchten. Während ihrer eigenen Schulzeit hat sie bei einer besonders fähigen Lehrerin erlebt, wie sehr Neugier und abwechslungsreiche Übungsformen den Spaß am Lesen und Schreiben fördern können. Der damals geweckte detektivische Spürsinn ist ihr erhalten geblieben: Noch heute sucht und findet sie einfache Regeln, die ihren KursteilnehmerInnen helfen, ihre Schreibhemmungen abzulegen.

Nach ihrem Studium in Germanistik und Psychologie zeigten ihr Stützkurse mit Kindern, Jugendlichen und Erwachsenen immer wieder, wie wichtig es ist, verschiedene Lerntypen mit für sie geeigneten Methoden und Materialien anzusprechen.

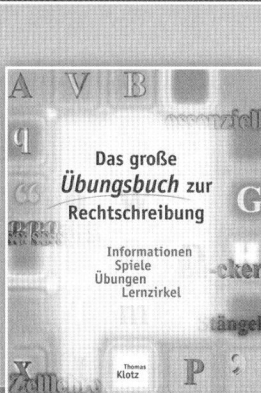
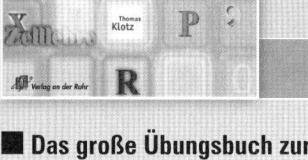